営業が死ぬほど嫌いでも
ラクに結果を出せる36のコツ

Shimazu Yoshinori
嶋津良智

ダイヤモンド社

なぜ、営業嫌いの私が成績トップになれたのか？

この本は、私、嶋津良智にとって人生初の「営業本」です。
過去19冊を出版してきましたが、じつは営業に関する本を出したことはありませんでした。記念すべき20冊目がこの本です。

「同期100名のなかでトップ営業マンとして活躍」「24歳で最年少営業部長に」「28歳で起業し、設立した情報通信機器販売会社を株式上場させる」というふうに、営業畑で実績を積み重ねてきたのに……。

変ですよね。よく言われます（笑）。

理由は、単純に「営業が嫌い」だからです。

「嫌い」というとちょっと語弊があるので、もう少し正確にいえば「苦手」だからです。

飛行機のなかでキャビンアテンダントの方に頼み事をしたいのに、

「すみません」

と声をかけることができずに我慢してしまうほど、人見知りの激しい性格です。そんな私にとって、知らない人と商談を繰り返す営業という仕事は、この上ない苦痛と感じるのです。

仕事だからと割り切って頑張りましたが、やはり私にとってはつらい仕事でした（「営業が苦手なこと」と「結果が出せないこと」とは別問題ですので誤解のないようにお願いします）。

しかし、そんな私でも実績を残すことができたのですから、そのノウハウや心構えをお伝えすることで、**私と同じように「営業が嫌い」でも「営業をやらざるをえない」という人たちに何らかのヒントを与えることができる**のではないか、そう考えたのが本書を書くきっかけです。

唯一受かった会社が、一番やりたくなかった営業の会社

私が社会人になったのはバブル真っ盛りの頃でした。

好景気ですから、就職活動をしている学生にとっては売り手市場の恵まれた環境です。それなのに私は、受けた会社すべてに不合格。

焦った私は、友人からの「営業志望と言えば内定がもらえるよ」とのアドバイスに従い、自分を偽って営業職で希望を出し、なんとか内定をゲットしました。

ところが就職したのは、自分の想像を絶するバリバリ体育会系の営業会社。

上司から「〇〇町1丁目1番地から全部訪問しろ」と指示され、アポなしで次々と飛び込み営業していく、そんなスタイルの会社でした。

「ごめんください。〇〇社の嶋津と申します。本日は御社でお使いの電話機の件でうかがいました。社長さんは……」

「いいえ、間に合ってます！」

こんなふうに、話を聞いてもらうこともできず、即行で門前払いされることがほと

んど。

それでも毎日毎日、朝から晩まで100軒も200軒もひたすら飛び込んでいく日々で、精神的にも肉体的にも大変な仕事でした。

「こんな仕事を、一生続けるんだろうか……」

と不安でいっぱいになりました。


しかし私には、特に自分の「やりたい仕事」も「将来の夢」もありませんでしたし、真面目なサラリーマン家庭で生まれ育ったこともあり、一度就職した会社をすぐに辞めるという選択肢は思い浮かびませんでした。

目の前の営業という仕事をやる以外にないのです。

でも、やっぱり営業なんてやりたくない……。


そんなふうに悩んでいたときに、**営業をしていない唯一の人物を見つけました。支社長です。**当時の私は、「そうか。出世すれば、営業をやらなくて済むのか」と思い至り、そこから営業活動が出世するためのゲームに変わりました。

当時の会社でいう支社長クラスになれば、自分が外回りに行くことはなく、部下のマネジメントをするだけでいいと思考を変えたのです。

そんな不純な動機ではありますが、営業という仕事を頑張ってみようと思うようになりました。

営業が嫌いでも、結果は出せる！

もともと人見知りが激しく、あまのじゃくで面倒くさがり屋の私ですから、営業においても、自分がやりたくないことをやらずに済むにはどうしたらいいのかと、そんなことばかりを考えながら取り組んできました。
そこで**私がつくったのは、「やめる、すぐやる、さきをよむ」というマイルール**です。やらなくていいことはできるだけやらずに、失敗を避けるために準備に力を入れて、常にゴールまでの最短距離を意識しながら仕事を進める。そんな仕事のやり方について本書では詳しく紹介しています。

そして、そのようにして取り組んだ結果、入社して数か月間は一度も達成できなかったノルマを初めて達成できるようになり、やがて同期のなかでもトップの成績を残せるようになり、さらには最年少で営業部長に抜擢されるに至ったのです。

ですから私と同じように、「営業が苦手」「営業なんてやりたくない」と思っている人であっても、必ず成果を上げることはできます。**営業で成果を上げられるようになるということは、ビジネスパーソンとしての基礎力をアップすること**でもあります。

新人営業マン、成果が出なくて困っている営業マン、もっと上を目指したい営業マンなど、営業にかかわるすべての人が成果を上げるために、本書が少しでも役立つことを願っています。

営業が死ぬほど嫌いでもラクに結果を出せる36のコツ ● 目次

第2章

ノルマなんて怖くない！最速最短で結果を出すコツ……67

第4章 面倒くさがり屋必見！ 周りを巻き込めば、売上は一気に伸びる……177

第1章

営業が苦手でも大丈夫！売れる営業マンに変わる8大ルール

1

お客様の背中を押すだけでいい

営業マンは「特徴」ではなく「利点」で勝負！

営業とはどんな仕事かと問われれば、私は**「お客様の『買う理由』を提供する仕事」**と答えます。

誰かが何かを買うときには、理由が必要です。理由もなしに買うことはありません。私たちが衝動買いをするときでさえ、「好きなブランドだから」「かわいいから」などと、漠然とではあっても理由がそこに存在します。

企業の取引であればなおさら、物品やサービスの購入には、コスト削減や業務効率向上など明確な理由が求められることになります。

「なぜ、この商品を買うのか?」

「なぜ、この会社（この営業担当）から買うのか?」

「この価格は適正なのか?」

お客様はこのような問いを自分に対して投げかけ、それらの問いに対する答えを探しています。営業マンの役割は、その答えを見つけるためのお手伝いをすることといえるでしょう。

近年、インターネットの普及により、「営業マンは不要」といわれることもありますが、私はそうは思いません。

「51対49の法則」でも明らかなように、人は最終的な意思決定を下すその瞬間まで、わずかの差のところで迷っています。そのタイミングで「買う理由」を指し示し、迷っている人の背中をそっと後押しすることは、生身の人間にしかできないことであり、それが営業マンの役割だと思います。

特にモノが溢れている現代では、単に性能がいいとか、価格が安いといったことだけでは買う理由にはなりません。では何が買う理由になるか。

「その商品・サービスを購入することで、自分の問題や悩みが解決されるかもしれない」という期待感にあるといえます。

自分の抱えている問題や悩みを共有してくれて、そこに対する解決策を提案され、それを実践するツールとして商品やサービスを示されれば、お客様は「ぜひ買いたい！」と思うわけです。

営業マンが示すべきは「利点」

ところが多くの売れない営業は反対のことをしてしまっています。

たとえば、パソコンを販売している営業マンがいるとします。この営業マンが商談で、いきなり、

「今回発売した機種は最新のクアッドコアCPUを採用していまして……」

「4K対応の解像度と従来の2倍のグラフィック処理能力で……」

こんな説明を始めたらどうなるでしょうか。ほぼ間違いなくこの商談は失敗に終わるでしょう。商談相手は、「結局何が言いたいんだろうか」「時間のムダだ」「早く追い返したいな」そんなことばかり考えてしまうでしょう。

実をいうと私も社会人になりたての頃は、そんなダメ営業マンの一人でした。

飛び込み営業で訪問した会社で、せっかく話を聞いてくれることになったとしても、そこで商品説明をダラダラと繰り広げてしまい、お客様を飽きさせて、最後には断ら

れておしまい……そんな商談ばかりでした。

「いったいどうしたら売れるようになるんだろう」と悩んでいるとき、ある「営業本」を読んで、書いてあったことに強く納得したことを覚えています。そこには、営業マンが行う提案には**「特徴」**と**「利点」**の二つがあると書かれていました。

- 特徴……商品やサービスの持つ客観的な特徴。機能や品質など客観的に表せるもの
- 利点……その特徴を通して、お客様の問題がどう解決されるのか

そして、**商品提案において優先されるべきは「特徴」ではなく「利点」**です。

まずは「利点」をお客様に理解してもらい、興味を持ってもらわなければ、検討のステージにすら立ってもらえません。「特徴」を知ってもらうのはその後です。

そこで私は、最初の段階では「利点」の説明に力を注ぐようにしました。

「現在お使いの機器ですが、配線がゴチャゴチャしていて邪魔だと思いませんか？コードレスにすればスッキリして移動も自由にできますよ」

「現在の月々のリース費用、お高いですよね。30％節約できる方法があるとしたらご興味はおありですか？」

というように、まずは**相手の「困っていそうなこと」「不便に思っていそうなこと」を具体例で示して、お客様の共感を得る**わけです。

たとえ話は、お客様にとって身近であればあるほど効果があります。普段から、お客様はどんなことに困っているかを考え、たとえ話のネタをたくさんストックしておくことが大切です。

そして、具体的に課題と解決策を示したうえで、自社商品のセールスポイントを説明すれば、お客様のなかでは「買う理由」が確固たるものになっているはずです。

✓CHECK

□人は、自分の悩みが解決されればモノを買う

□「特徴」よりも先に「利点」を理解させる

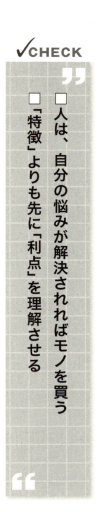

2

営業はサボる生き物

サボり方次第で結果は変わる

「外回りの営業マンは、喫茶店などでサボってばかり」

内勤の人のなかには、そんなイメージを持っている人もいるかもしれません。

かくいう私も、よくサボる営業マンの一人でした。しかし、**同じサボるのでも、サボり方次第でその意味はまったく違ってくる**と考えていました。

私がいた会社では、客先への訪問の手段は、電車やバスなどの公共交通機関と決められていました。

しかし、訪問予定があちこちに散らばってしまったり、客先が駅から歩くには遠いところにあったりすることもあり、そんなときは面倒なので、会社に内緒でクルマを使っていました。

クルマで営業している人ならわかるはずですが、車内は昼寝するのにピッタリなんですよね（笑）。

私もあるとき客先訪問の前に、クルマのなかで昼寝をしていました。そして起きたら、ワイパーにこんな紙が挟まっていました。

「よく寝ていらっしゃったので、お声をかけずにそのまま行きます」

後輩からの手紙でした。昼寝をしているところを見られていたのです。

ちょっと決まりの悪い思いはしましたが、だからといって、別にどうということはありません。その後輩には「営業はやることをやればサボってもいいんだよ」などと釈明した思い出があります。

実際、昼寝の後に訪問した客先ではきっちりと契約を取ってきましたから。

営業はやることをやっていれば、多少のサボリは許されるべき。この考え方は、当時も今も変わらずにあります。

営業マンというのはサボる生き物です。普段から一人で行動することが多く、社内外からのプレッシャーも大きい立場ですから、客先訪問の合間に喫茶店などでひと休みしたくなるのは仕方がないことです。サボることは営業職の特権といえます。

ただそこで問題になるのは、**「サボリ」を自分のコントロール下に置いている**かど

うかです。同じ喫茶店に行くのでも、

「次の営業先に行くの、イヤだな」

なんて思いながら、漫画を読んでダラダラ時間をつぶすのもサボリ。

「次の営業先をどう攻略しよう」

と、あれこれ戦略を練ったり、インターネットや新聞で情報収集したりするのも、端から見ればサボリ。

どちらにしてもサボリには違いありませんが、その質はまったく違います。後者は喫茶店にいる時間を自分のコントロール下に置き、目的意識を持ってサボっているのです。そして、サボっている時間の使い方次第で、仕事の結果も変わってきます。

私がクルマで昼寝をしていたのも、「次の客先での戦略は練った。商談はきっとうまくいくだろう。よし、最近寝不足だから、万全な状態に持っていくために昼寝をしよう！」と考えての行動です。

何の見通しもなく、「客先に行きたくないな〜。昼寝しちゃお」と逃げ根性でサボっていたのではありません（汗）。

人は常に全速力では走れない

たとえばマラソンで、スタートから全力疾走したら、どんなランナーでもあっという間にバテてしまいます。仕事も同じで、一日中、常に全力を出して仕事をすることはできません。

リタイアまでの40年間という長いスパンで見ても、状況に応じて、力を入れる時期もあれば抜く時期もあるのが普通ではないでしょうか。気を張るときと、気を緩めるとき、上手に使い分けなければ途中で息切れしてしまいます。

ただ、その人の性格によっても適度なサボり方というのは変わってきます。

一日に2件の契約が取れたとして、ある人は「明日ラクをするために、今日上司に報告するのは1件だけにして、もう1件は明日報告しよう」と考える人もいます。

また反対に、「契約のストックがあると甘えてしまうから、何件契約しようと全部今日中に報告しよう」という人もいます。

どちらにしても成果は上げているわけですから、問題はありません。自分の性格をよく把握して、適度にサボったり、あるいは自分にムチを入れたりと、**最適な速度で走り続けられるように自己コントロールをする**ことが大事です。

上司やリーダーの立場にある人は、このような営業の特性をよく理解してほしいと思います。昨今では営業支援ソフトやスマートフォン（スマホ）のＧＰＳ機能を使って、営業の一日の行動をつぶさに監視しようという動きもありますが、仕事は「自由」と「規律」のバランスです。仕事で成果を出すうえで大切な自由度を奪うような管理手法は、あまり感心できません。

「一日のノルマを終えたらそのまま帰宅してもいい」くらいの自由さがあったほうが、部下は伸び伸びと仕事ができ、かえって成果が上がるのではと思います。

✓CHECK

”
□できる営業はサボる時間をコントロールする
□適度にサボったほうが成果の出る人もいる
“

3

常に、次で終わらせるつもりで

行動をコントロールすれば、結果はついてくる

営業の仕事では断られることが当たり前ですが、あまりに立て続けに断られると、だんだん気持ちが沈んできます。

次第に「このまま続けていても、永遠に契約は取れないんじゃないだろうか……」と不安ばかりが募ってしまいます。

私もそんな気持ちになったことがたびたびありました。新人の頃だけでなく、主任や係長に昇進してからもです。

あるとき、いつものように飛び込み営業をしていたのですが、立て続けに断られてしまったことがきっかけで、急に、飛び込みが怖くなってしまいました。

担当のエリアまで行き、ビルの前に立つのですが、どうしても入っていく勇気が出ない。「また断られるんじゃないか」「断られるのはイヤだな……」、そんな気持ちで足が止まってしまうのです。

結局その日は一度も飛び込みができませんでした。そして次の日もやはり飛び込みができず、契約はゼロ。その会社では、一日1件も契約を取れないと「ポカ」と言われ、「3ポカ」などしようものなら、上司から厳しく叱られました。私は係長でありながら3ポカを目前にしていました。

「このままではヤバイ……」

そこで私がスランプ脱出のためにやったことは、部下の力を借りることでした。といっても、特別に何かをお願いしたのではありません。

「今日、ちょっと一緒に行こうか?」と誘い、ただついてきてもらうだけ。

そして、後輩と一緒に客先の玄関の前まで来たら、何食わぬ顔で(内心は不安や恐怖でいっぱいでしたが)、「じゃ、このお客さんのところに入るから」と宣言し、一人で飛び込んだのです。

要するに、「部下の前で格好悪い姿は見せられない」という自分の意地を利用して、飛び込みができない恐怖心を克服したわけです。

思い切って3日ぶりに飛び込みをやってみたわけですが、そこで意外にも簡単に契約が取れました。それどころか、その日だけで3件もの契約が取れてしまったのです。

「あんなに悩んでいたのは何だったんだろうか」と拍子抜けした覚えがあります。

断られることが契約への近道

そんな経験からわかったことは、営業という仕事をするうえで、**お客様にいくら断られたからといって、モチベーションを下げたり、恐怖心を感じたりする必要はまったくない**ということです。

逆にモチベーションというところに逃げ込まないと決めました。モチベーションが上がっても下がっても、やることに変わりはないからです。

自分がどういう心理状態にいようとも、「受注する」「成果を上げる」という目標は変わらないわけで、そこに近づくためには、行動を積み重ねる以外に道はありません。

逆にいえば、どんなに小さな行動も、積み重ねていけば間違いなく目標に近づくことができます。

営業の仕事をある程度続けていくと、自分の成績のアベレージがわかってきます。

たとえば、100軒飛び込みをすれば、そのうちの約3軒で話を聞いてくれて、そのうち1件の受注が取れる、という具合です。この確率は業種や人によって異なりますが、基本的に、訪問軒数や電話件数といった分母を増やすことが、受注という分子を増やすことにつながります。

したがって、**自分のアベレージを把握しておくことは大切**です。自分の目標を正しく設定できるからです。

目標には、**「結果目標」**と**「行動目標」**があります。

「結果目標」は、「今月中に1件の契約を取る」というもので、それは相手があって達成できることであり、自分の力でコントロールできるものではありません。

一方、「行動目標」は、「100軒の飛び込みをする」というように、具体的な行動を設定するもの。その目標を達成するかしないかは、自分次第。目標達成を自分でコントロールできます。

自分のアベレージを把握していれば、「今月は1件の契約を取りたいから、100軒の飛び込みをしよう」というように、行動目標を明確に設定できます。そして確率論的に結果目標も達成に至るというわけです。

このような考えを持っていれば、たとえ飛び込みで10軒続けて断られたとしても、「99軒のハズレのうちの10軒だったんだな」「あと90軒回るうちに必ず1件は契約が取れる」と冷静に対処できます。

飛び込んだ瞬間に門前払いされても、「これで訪問軒数が1軒減った（受注に一歩近づいた）」「ムダな商談に時間を取られないでよかった」と逆にありがたく感じます。

ただし、いくら確率論で考えていても、ただ単に数をこなすだけではやはりダメ。**「次を、絶対に当たりの1軒にする」**と自分自身を奮い立たせ、1回1回の商談やテレアポに全力投球することを忘れないでください。

✓CHECK

□営業成績のアベレージを把握しよう
□結果はコントロールできないが、行動はコントロールできる

4

会社、環境のせいにするのは簡単

売れない理由を
自分でつくってはいけない

営業活動をしていてなかなか成績が上がらないと、その理由を自分の置かれた環境のせいにしてしまう人がいます。

「うちの商品が競合他社より劣っているから売れないんだ」

「上司がバックアップしてくれないから思うように動きにくい」

「景気が悪いんだから仕方がない」

こんなふうに他人や環境のせいにしている人は、いつまでたっても売れる営業マンにはなれません。そんな考え方をしている限り、自分自身でなんとかしようという工夫の気持ちが生まれないからです。


外的要因が営業活動にまったく影響しないというわけではありませんよ。

実際に、商品が多くのお客様のニーズとマッチしたものでなかったり、上司が未熟だったり、組織が弱かったり、経済環境が悪かったりといった要因は、事実としてあるのでしょう。そして、それらが本当に売上に結びつかない理由の一つなのかもしれません。

しかし、自分の周りの営業マンをよく見てみましょう。
同じような境遇にあるのに、なぜか優秀な営業成績を上げている人がいるのではないでしょうか。どんなに不景気のどん底にあっても、儲かっている企業があるのと同じように。

要はやり方次第ということ。**問題を他人のせいにするのではなく、自分のやり方が間違っているのではと振り返ってみることが大切**なのです。

世の中には変えられないものがあります。過去に起こった出来事や他人の感情、経済環境などです。

一方で、簡単に変えられるものがあります。それは自分です。
自分は、変えようと思って行動を始めたその瞬間から変えることができます。そして、**自分を変えれば、自分の未来が変わる**ことになります。

たとえば会社組織は、基本的には変えられないもののほうに属するでしょう（私は上司を替えてもらった経験がありますが……）。ましてや経済環境など、どうあがいても自分の思い通りにはなりません。

そのような変えられない物事に気を取られて、落ち込んだり悩んだりするのは、はっきりいってムダです。変えられることにエネルギーを集中すべきです。

そうすれば、決して恵まれているとはいえない環境のなかでも、必ず突破口が見つかるはずです。

短所を理解してもらい長所を売る

たとえば「自社の商品が競合他社よりも少し劣っている」とあなたが思っているとして、どうやってそれを売れるようにすればいいのでしょうか。

商品開発部門に改善を要求するのもいいですが、開発力やコスト競争力の問題はそう簡単に解決するものではありませんので、あまり期待はできません。営業マンとして売る工夫が求められます。

ではどうすればいいかというと、**まずは商品・サービスの長所にフォーカスする**ということです。

円の一部分に少しだけ「欠け」があるドーナツをイメージしてみてください。ほとんどの人は、その「欠け」に目が行き、不完全なドーナツのように感じてしまいます。

でもじつは、不完全なのはその「欠け」だけで、他の部分はまったく問題のないドーナツなのです。むしろ味は普通のドーナツよりもバツグンに良かったりします。**短所が目立つものにも、その裏側には多くの長所が隠されている場合がある**ということです。

営業マンが商品を売るときも、お客様にどこに注目してもらうかを常に意識する必要があります。

機能や商品力の話にフォーカスしすぎて、競合他社よりも劣っている点が目立ちやすくなる場合は、使い方やそれを使ったときに得られる利益にフォーカスすればいい。たとえば、「この商品を使ったら何がどうなるか」「あなたにとってどんなふうに役立つか」について徹底的にアピールしていけばいいのです。そうすれば、商品力の差は目立たなくなります。

また話の流れのなかで、自社商品のデメリットについて触れなければならないこと

「欠け」があるドーナツ

あなたは、どう感じますか？

もあるかもしれません。そんなときは、へたに隠すのではなく、正直に話すのが一番です。

「この商品、デザインや色については評判が悪いのですが……とにかく頑丈です」

「機能は少なめですが、かえって操作を間違わなくていいというお客様もいますよ」

そんなふうに正直に話したほうが、自社商品をべた褒めするよりもお客様から信頼を得ることができます。

また、相手のメリットをデメリットに置き換えてしまうこともできます。たとえば、

「うちは知り合いから仕入れているから」

と言われたら、

「そういうお客様からは、『知り合いだからこそ何かトラブルがあったときに言いづらい。強く言えなくて困ったことがある』というお話を聞きますが、お客様はいかがですか?」

というように。

実際、私の知人ががんになったときの話です。幸いにも軽度だったので、今も元気

に過ごしています。知人は術後、友人の勧誘で入ったがん保険の給付手続きを、その友人に頼んだそうです。ところが、あまりにも軽度だということで、保険金が出ないと言われ、相当揉めたと言っていました。ただ、その後の友人との付き合いを考えるとあまり強く言えなかったと、友人からがん保険に入ったことを後悔していました。

そのほかにも、納期をできるだけ短くしたり、アフターサービスに力を入れたりなど、社内のほかの部署に協力を得ながら他社商品と差別化できることはあります。

売れないのを環境のせいにするのではなく、自分でできることはないか、探してみるようにしましょう。

✓CHECK

”

□できる営業ほど、外的要因のせいにはしない
□環境は変えられないが、自分はすぐに変えられる
□ドーナツの欠けていない部分に注目させる

“

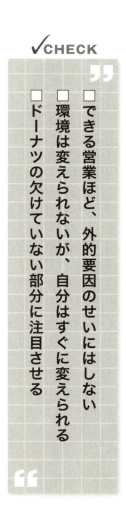

5

「売れない」「会えない」は絶対禁句

稼げない営業マンの口ぐせから卒業する

売れない営業マンには、特徴的な口ぐせがあります。

「お客さんがなかなか会ってくれないんだよ」

「うちの商品って今の時代に合っていないから売れないよ」

「上司があんなんだから、成長できないんだ」

つまり、**「売れない」「会えない」「できない」、そんな口ぐせ**です。

私が営業マンをやっていたとき、同僚と飲みに行く機会はよくあったのですが、売れない人ほど常に暗い顔をしてそんなことばかり口にしていました。

しかもなぜか売れない営業マン同士が集まる傾向にあり、互いに不平不満を言い、傷をなめ合っている光景をよく見ました。

「あれでは売れなくて当たり前だ」と思ったのを覚えています。

営業マンに限らず、誰しも自分の仕事に対して不平不満を抱くことはあると思います。そのこと自体を否定するつもりはありません。

しかし、不満を抱くだけで、「何をどうすればいい？」がないと、何の進歩もありません。

その点、売れる営業マンの発する言葉は違います。

「どうやって売ろうかな？」

「あのお客さん、なんで攻略できたの？」

「こんなふうに提案すればいいんじゃない？」

などと、ポジティブで建設的です。

常に**「何をどうやったら売れるのか？」を考え、情報交換して、他人のやり方を貪欲に吸収しようとしている**のが彼らの特徴です。

ですから、売れる営業マン同士の会話は盛り上がります。一方、売れる人と売れない人の会話は盛り上がりません。

両者の間には溝ができ、交流がなくなっていきます。あなたの会社にもそんな光景が見られるのではないでしょうか。

「言葉」や「付き合う人」が人生を決める

人生の成果は、「どんな言葉を話すか」によって、大きく変わります。

言い換えれば**「言葉が現実をつくる」**です。

たとえばあなたが、仕事中に突然「今日はカレーライスが食べたい！」と思いついたとします。そう思った途端、自分がカレーを食べている姿をイメージして、口のなかがカレーでいっぱいになってしまいました。

そして仕事が終わり、「ようやくカレーライスが食べられる」と喜び勇んで会社を後にし、お店へ直行。席に着いてまもなく店員さんがやってきました。あなたは満を持して注文します。

「カツ丼ください！」

……数分後、あなたの目の前に出てきたのは紛れもないカツ丼でした。当たり前ですね。

どれほどカレーライスを食べることを願い、強くイメージしていたとしても、発した言葉が間違っていたらその願望は現実化しないのです。

したがって、自分が目標とする現実、願望があるのなら、それを実現するために適切な言葉を使うことが大切になります。

「今期は必ずノルマを達成したい」

「契約が取れるようになりたい」

「トークが上手になりたい」

「早く出世したい！」

自分が現実化したい目標をどんどん言葉にしていきましょう。上司や同僚と話す会話のなかにも、そういった要素を盛り込んでいくことです。

そうすることで、自分のなかで目標が明確に意識されるようになり、「そのためには何をすればいいんだろう?」と考えるようになります。また、周りの人もあなたの願望を理解して、協力してくれるようになります。

「どんな言葉を使うか」と同様に、**「誰と付き合うか」**も人生を大きく左右する要素です。

愚痴や不平不満ばかりを口にする人が周りに多いと、知らぬ間に自分も同じような思考回路になり、同じような行動を取ってしまいます。

ネガティブなオーラを発している営業マンがいたら、できるだけ近づかないようにするほうが得策です。

そして、ポジティブなエネルギーに溢れている営業マンの周囲に近づいていくようにしましょう。

人は、身近にいる人の思考や行動に影響を受ける傾向があります。売れる営業マンの周囲にいれば、その人の行動や考え方が伝染し、自分自身もポジティブで売れる営業マンになれるはずです。

✓CHECK

□達成したい目標に必要な言葉を使おう
□ほしい成果をすでに出している人と付き合おう

6

義務を果たさないと権利は主張できない

結果を残さないと、同じ意見でも負け犬の遠吠えにしか聞こえない

私が大学を卒業し、社会に出たのは1987年のこと。当時、次々と現れていたITベンチャーの先駆けのような企業に就職しました。

ITベンチャーといえば聞こえはいいですが、扱っているものが通信機器や事務機器というだけで、バリバリの体育会系営業会社です。

外から見た感じでは、若くて元気な社員が多く、キラキラした印象だったのですが、実際に入ってみると、組織の体を成していないようなボロボロの会社でした。

とにかく売上を伸ばすことには熱心なのですが、アフターサービスに対する意識が薄く、契約を取ったら取りっぱなし。また、配送チームがお客様に連絡もせずにいきなり機器を設置しに行くなど……常識で考えればありえないことばかりでした（この会社の名誉のためにお断りしておきますが、「入社当時は」そうだったというだけで、今は東証一部にも上場している立派な会社です。念のため……）。

そんなこともあってか、私と同期で入社し、同じ支社に配属になった営業は14人いましたが、5月の連休明けには半数以上が辞めていました。

私にとっては社会に出て初めて入った会社でしたし、仕事を覚えることに一生懸命だったので、最初はあまりわからなかったのですが、次第に「あれ？　うちの会社っておかしい？」と気づきはじめます。

営業マンとしていくつか実績を上げるようになってくるとなおさら、配送や事務を担当する部門のいい加減さや、アフターサービスのまずさなどが目につくようになりました。

他の部署の対応が悪くても、お客様に怒られるのは営業です。せっかく苦労して契約を取ってきても、それでは台無しになってしまいます。

会社が営業マンの足を引っ張っているようなものじゃないか。そう考えたのは私だけではなく、ほかの営業も同じでした。

そこであるとき、私と同じ新卒社員が集まって話し合いをしました。そして会社の問題点を挙げ、それを文書にまとめて、「一つ一つの問題点について、会社としての回答をいただきたい」と上司に提出したのです。

その後どうなったかというと、上司にうまいこと説得され、結局うやむやなまま終わりました。今考えれば、その文書は社長にまで届くことなく、上司の手元で止まっていたのだと思います。

まずは結果を出すことに集中する

そのとき思ったのは、**「どんなに正論を吐こうが、やることをやっていない者の言う言葉は誰も聞いてくれない」**です。

しょせん自分たちは新卒のペーペーの身であり、目立つような成果を上げられていません。会社の業績にはほとんど貢献していないといっていいでしょう。そんな社員がいくら叫んだりわめいたりしたところで、まるで説得力がないのです。

「お前らは文句ばかり言うけど、同じ境遇にいても、文句も言わずきちんと営業成績を残しているヤツはいるぞ」

と言われてしまえば、返す言葉はありません。結果を出していない人の声に、上司は耳を傾けてはくれないのです。

ではどうするか。それは、**結果を出すこと**です。

結果を出してからならば、会社に対して改善要求を出したとしても、きちんと聞き入れてもらえるはずです。

その後の私のモチベーションは、「一刻も早く昇進して、自分の思い通りにできて、意見が通る立場になってやる」「絶対にあんな上司に文句は言わせない」という反骨精神だったと思います。そして、まずは結果を出すことに全力を注いだのです。

実際にトップ営業マンになってからは、発言が無視されるようなことはなくなりましたし、係長や営業部長になったときには、自分の思うように組織を動かすことができるようになり、とてもやりやすい環境になりました。

ビジネスの世界というのはやはり結果がすべてです。営業マンであれば、営業成績という数字がその人の価値を決めるといっても過言ではありません。

誰でも会社に対する不満の一つや二つ、必ずあると思います。しかし結果を残す前にわめいたところで、相手にとってそれは負け犬の遠吠えにしか聞こえません。残念ながらこれは真実です。

自分の置かれた環境を変えたいならば、まず何よりも、結果を残すことが先決だと考えてください。

✓CHECK

”

□自分のやりやすい環境をつくりたいなら、まずは結果を出す

“

口八丁の営業マンを自分が相手にするのか？

自分がやられて
イヤなことは
お客様にしてはいけない

成長する企業と、できる営業マンに共通することがあります。それは、**基本を大切にしている**ことです。

世界には、外部環境の変化をものともせず成長を続けるエクセレントカンパニーがありますが、そんな会社には共通の特徴があります。それは、人を大切にし、しっかり教育をしているということ。

ところが世の中には、社員を大切にしていないし、教育もしていないのに、急成長している会社があります。ビジネスモデルが優れていたり、たまたま時流に乗っていたりといった会社です。こういう会社はいずれ消えてなくなります。

現状が「たまたま」いいだけなのに、自分の実力だと勘違いしてしまい、人材の育成や経営強化といった基本をおろそかにするので、企業としての底力が身につかないからです。

そして、少しでも逆境に立たされたときにその弱さが露呈します。

これは営業マンにもいえることで、基本を大切にしない人は、どこかで必ずボロが出ます。いくら優秀な人でも、です。

成績優秀な営業マンには二つのタイプがあります。

一つは、人の心を巧みに操る詐欺師的な営業マン。

一つは、誠実に、人間力をもって相手と接する営業マン。

前者は、口八丁手八丁で誘導し、無理やりモノを売りつけるようなタイプ。そういう人は、契約を取るまでは丁寧で愛想もよいのですが、契約を取った後はコロッと態度が変わります。「釣った魚にエサはやらない」とばかりに、アフターフォローも何もしません。

しかも悪質なのは、契約後にクレームがきたときの言い訳も用意している点です。「いえ、あのとき私はこういうつもりで言ったんです」「あえて説明しないでもご存じかと思っていました」などと、しらばっくれたりします。クレームがくることまでを考慮して、訴えられても負けないように計算しつつ、相手が勘違いするようにトークを展開しているのです。だから詐欺師ではないものの、詐欺師的。健全とはいえません。

こんな人は短期的には成功しますが長続きはしないでしょう。トラブルを多発して社内での受けも悪いため、一つの会社に長くいられません。

私の知っている営業マンにも、そんな人が何人かいました。ある時点では優秀な成績を残していましたが、その後の人生は、うつ病になったり、会社をつくっては何度も倒産させたりと、恵まれているとはいえない状況です。人に迷惑をかけるような生き方をしていると、いずれは自滅の道を歩むことになるのではないかと思います。

トークがうまいだけの営業マンは信用されない

私にとって、小さな頃に母から言われた言葉が、自分を律するうえでの原点になっています。それは、

「常に誰かに見られていると思って、恥ずかしくない行動をしなさい」
「自分がやられてイヤなことは、人にもやってはいけません」
「自分がやられて嬉しいことは、どんどんやりなさい」

というものです。

詐欺師的な営業マンは、トークがうまかったり、商品知識が豊富だったりしますが、

表面的なテクニックがあるだけ。トータルでは、自分がやられてイヤなことばかりをやっているので、結局自滅します。

それに見る目を持ったお客様からすれば、そんなトークも見抜かれてしまいます。

皆さんが目指さなければならないのは、**自分がやられて嬉しいことを、先回りしてどんどんやってあげられる人**です。相手の立場に立って、相手の求めていること、喜ぶことを提供してあげられる人です。

といっても、決して難しいことではありません。まずは原理原則を守ることがスタートになります。原理原則とは営業マンの場合、**ウソをつかないこと、約束を守ること、きちんとあいさつができること、清潔感のある服装を心がけること**など。

どれもごくごく当たり前のことかもしれませんが、当たり前のこともできていない営業マンが多いのも事実なのです。

私は、**【営業力＝人間力】**だと思っています。人間力がある人ほど、営業で成功します。逆に考えれば、毎日の仕事を通して人間力を身につけられるのが営業のすばらしさだと思っています。

私がよく後輩に言っていたのは、**「営業って魔法だよ」**ということ。

営業力のあるAさんが受注できないお客様も、営業力のあるBさんが行けば受注できてしまうことがある。これはまさに「魔法」なのではないでしょうか。そのときの魔法は単に口先だけのトークではなく、原理原則も含めた総合力が問われます。

お店で値引き交渉するとき、異性を口説くとき、近所の人とコミュニケーションを取るとき、子供の教育現場など、人生においても営業力が必要な場面はたくさんあります。営業力を身につけているといないとでは大きな違いです。

ぜひ口先だけではない【営業力＝人間力】を身につけてください。

✓CHECK

□口先だけの営業は信頼されない

□営業は人間力で勝負する

見込み客がお客様にならないことはざら

落ち込む必要はない、すべてが現実

営業をやっていると、お客様に断られて落ち込むことは必ずあると思います。

私も営業マン時代、落ち込みを通り越して腸《はらわた》が煮えくりかえったことがありました。

その日初めて飛び込んだ客先で商談を進めていたときのこと。いい感触はあるのですが、相手の社長はなかなか最後に首をタテに振ってくれません。説得しているうちに夕方になり、夜になり、それでも粘っているうちに、社長は根負けして「今日はダメだけど明日注文するから」と約束してくれました。

私はその言葉を信じて、「社長ありがとうございます！　では明日おうかがいします！」と帰社。

しかし翌日、朝イチで意気揚々とその会社を訪問すると、信じられないことに、前言を撤回して「注文しない」と言い出したのです。

「ちょっと待ってください！　昨日は注文をくれるっておっしゃったじゃないですか！」と詰め寄るも、「いらない」の一点張り。

私はそこでの受注を今日の計画に組み込んでおり、「午後はラクできるな」などと浮かれた気分でいましたから、非常に焦りました。だから必死の粘りで説得を試みましたが……結局ムダでした。

完全に頭に血が上ってしまった私は、おそらく相手にもはっきりと伝わるほどムッとした表情を見せて、その会社を後にしたのです。


その後の私の怒りと落ち込みといったら、今までにないくらいでした。その社長はたぶん、しつこい私を追い返すためにウソをついてしまったのでしょう。しかし、約束は約束。一度は約束したのに、簡単に反故《ほご》にするなんて人として許せない。

いや、買う気がないお客様を見抜けなかった自分が悪いのか……。

そんな考えがグルグルと頭のなかを巡り、なかなか気分を元に戻すことができず、営業の調子も上がらなかったのを覚えています。

まだ営業として駆け出しだったのでそのときは気づかなかったのですが、「検討しておく」や「今度来たとき……」というのは互いに傷つかない体《てい》のいい断り文句なのだということを知りました。

目の前の出来事は「現実」であって「真実」ではない

私の営業マン人生のなかで最大級に落ち込んだ出来事でしたが、永遠にその感情が続くということはなく、何日か後にはきれいさっぱり忘れてしまい、また営業に励むようになりました。

そんなことがあって思うようになったのは、

「人は落ち込んでも、いずれ元気になる」

です。そして、

「いずれ元気になるなら、落ち込んでいる時間がもったいない」

とも考えるようになりました。

営業をやっていれば、いろんなお客様と接しますし、腹が立つことや落ち込む出来事にも数限りなく遭遇します。それらに一喜一憂していては、身がもたないですよね。

営業マンのやるべきことは、1件でも多くの契約を取ること。であればそこに向かってエネルギーを注ぐべきです。

目の前の出来事に動揺しないためには、**「それが現実か、あるいは真実か」**をよく観察して区別してみるといいと思います。

たとえば、「太陽は東から昇って西に沈む」、これは日本にいる私たちからすれば「現実」ですが、「真実」ではありません。

地球が太陽の周りを公転しているために、そう見えているだけだからです。その証拠に、南極や北極に近いところでは、夏になると太陽が沈まない白夜が起こりますよね。そこでは「太陽が東から昇って西に沈む」ことはありません。

ある「現実」を目にしても、それが「真実」とは限らないということです。私たちは、目の前に起きている「現実」に惑わされて、「真実」を見失わないようにしないといけません。

「お客さんに断られた。腹立つ！」と思ったとき、それは現実の出来事ではありますが、真実とは違います。

腹が立つのは、目の前の出来事に対して、自分自身でそういう感情になることを選んでいるからであって、真実とはまた別の問題です。同じようにお客様に断られても、まったく腹を立てない人もいます。すべての人が同じ反応をするわけではないのです。

であれば、営業活動において**「落ち込まないし、腹も立てない」**というルールを自分のなかで設けてみてはどうでしょうか。

私は普段からムダなことで「怒らない」と決めているので、怒ることはありません。それと同じで、「落ち込まない」と決めておけば、ムダに落ち込むのを防ぐことができます。

ただし、「断られた」という現実はきちんと受け入れるべきでしょう。そして何が問題だったのか、仮説を立て、解決に向かってアクションを取るようにします。そうすることで常に冷静な態度でいられ、悪いところが改善され、少しずつ営業成果も良くなっていくはずです。

✓CHECK

□目の前の出来事が「現実」か「真実」かを見極める
□普段から「怒らない」「落ち込まない」と決める

稼ぐ営業マンへの道！　営業4コマ劇場

「サボリのち絶対契約」の巻

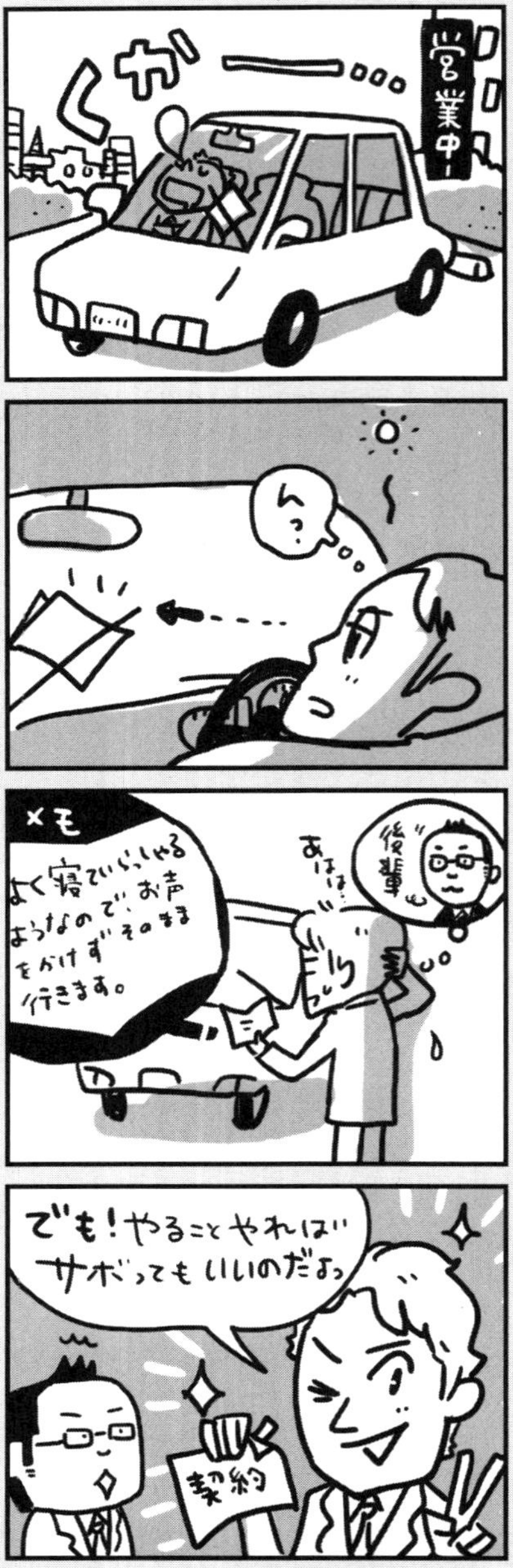

第2章

ノルマなんて怖くない！最速最短で結果を出すコツ

9

決裁権者にたどり着くのに時間がかかるなら、攻めない

時間のかかる大企業より、時間のかからない小さい企業を狙う

「今日の君の受け持ちは○○町だ。1丁目1番地から1軒も飛ばさずに飛び込め」

上司からそう割り振られたら、電車に乗ってその場所まで行き、片っ端から企業やお店に飛び込んでいく。それが私の勤めていた会社の営業スタイルでした。私は、言われた通りにバカ正直に全部の企業やお店を訪問していました。銀行の支店だろうが、八百屋や魚屋のような個人商店だろうが構わず、片っ端からです。

しかし、どれだけたくさん飛び込んでも、話を聞いてくれるお客様はごくわずか。自己紹介をする間もなく追い返されることもたびたびありました。

「本当にこんな方法で契約が取れるんだろうか……」

あるとき不安になり、先輩の様子をうかがってみました。するとどうやら先輩は、上司の言いつけを守らず、取捨選択しながら回っている様子です。

考えてみれば当たり前の話で、街中には、大企業もあれば中小企業も個人商店もあります。私の販売していた事務機器や通信機器のターゲットとして適していない会社もあるはずです。

たとえば私は都市銀行の支店にも飛び込んでいましたが、そういった企業では物品の購買を本社で一括して行っていることが多く、支店には決裁権がありません。だから、いくら話を聞いてもらってもムダに終わる可能性が高いといえます。そもそも金融機関はセキュリティが厳しいので、よそ者を簡単にオフィス内に入れたりはしません。

また個人商店であれば、事務機器や通信機器の必要性は薄く、予算も乏しいので、いくら商談しても注文がもらえる確率は低いといえます。

「1丁目1番地から1軒も飛ばさずに飛び込め」というのは、上司からすれば、飛ばし癖をつけさせないためと度胸をつけさせるための手段だったのだと思います。

しかし、その言いつけを忠実に守っていたら、あまりにも非効率的です。ターゲットとして可能性の高いところだけを選んで飛び込んでいったほうが成果は得やすいといえます。

そこで私は、成績優秀な先輩はどんな訪問先を選んでいるのか、その動向に注目してみるようにしました。するとどうやら、**大企業よりも中小企業を中心に飛び込んでいる先輩のほうが、営業成績を残しているら**しいことがわかってきました。

大企業1社よりも中小企業10社

大企業への営業では大型受注が狙えますが、いくつかの面でデメリットもあります。まずスピードの遅さ。何回か通っても、決裁権者である社長や役員などに会えないこともあり、なかなか話が進展しません。また組織が大きいため、商談後に社内稟議や決裁といった過程を経なければならず、契約までにとにかく時間がかかります。

さらに、大企業だけに存在するリスクもあります。

たとえば、大企業1社から1000万円の受注と、中小企業10社から800万円の受注だったら、社内で得られる評価は前者のほうが高いのは当然です。

しかしその後の取引継続のことを考えると、必ずしも前者がいいとはいえません。取引先の担当者が変わったり、会社の方針が変わったりしただけで、一度に大きな取引を失ってしまうこともあるからです。

中小企業であれば、1社失ってもダメージはそれほど大きくありません。リスク分散の観点からも、小規模な取引先を多数押さえていたほうが有利です。

おそらく私の先輩は、そのように大企業のメリット・デメリットを考慮したうえで、中小企業を中心に営業に回っていたようです。私もそれに倣って、特に小規模企業を攻めるようにしました。

小規模企業であれば決裁者である社長と会いやすく、社長と会うことができれば、当日中に注文をもらえることもあります。飛び込む軒数はどうしても多くなりますが、それは足を使えば済む話です。もし数回通っても社長と会えないようであれば、その会社は今は見込みなしと考えて訪問する時期を変えました。

そのようにして小規模企業を中心に攻める戦略が当たり、着実に成果を上げることができました。

じつは営業マンにとって、**訪問しやすいのは大企業**のほうです。

なぜなら、大企業は何かにつけてきちんとしているので、飛び込みの営業マンにもまともに対応してくれるからです。断るときも丁寧に断ってくれます。

小規模企業では反対に、邪険に対応されることがよくあります。だから大企業に訪問に行きたくなるのも無理はありません。

しかし、営業の目的はあくまでも成果を上げることであり、そのためには**攻めるターゲットを絞ったほうが効率的**です。

いくら会社の方針やルールだからといって、真に受けていては、大切なことを忘れてしまいます。成果を上げるために何が必要か、そこにフォーカスして自分の行動を自分で決めるようにしましょう。

✓CHECK

□決裁者にアプローチすることが成約への近道

□ルールより、成果を上げることにフォーカスする

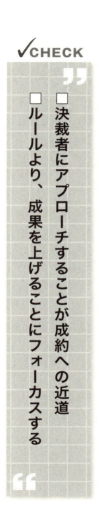

10

不満から始まる「最後に一度だけチャンスをください」

出入り禁止や関係が切れてしまった企業をあえてターゲットに

営業に行くのは誰もが嫌がるけれど、じつはオイシイ。そんな営業先があります。「出入り禁止」相手への営業です。

企業間の取引で過去に何らかの大きな問題を起こすと、相手企業から「出入り禁止」を言い渡されることがあります。そうなると当然、営業マンはその企業を訪問することはできなくなります。

ただその状況が何年か続き、新入社員が入ってきて、過去の事情を知らない人が増えてくると、間違ってその会社に新規開拓に行ってしまう人も出てきます。

すると当然、「お宅の会社は出入り禁止だ！」と、とりつくしまもなく追い返されることになります。

社員間で情報の共有化がされておらず、「片っ端から営業してこい！」というスタイルの会社だと、たびたびそんなことが起こります。

出入り禁止の会社にあえて営業するような営業マンはいません。怒鳴られて追い出されるのがオチですから。

私が営業をしていたときも、「出入り禁止だ！」と言われ追い返されることがたびたびありました。私が勤めていた会社は設立したばかりで急成長の過程にあり、営業の勢いはすごかったのですが、組織としては未熟な面が多々ありました。

クレームを何日間もほったらかしにしていたり、営業マンがお客様との約束を破ったりして、お客様がすごい剣幕で会社に電話をかけてくることもよくありました。

応募してきた人全員を採用して、研修などもほとんど受けさせずに現場に送り込むような感じでしたから、優秀な営業マンもいれば、社会人としてどうかという人もたくさんいる会社でした。

私は、社会人として当たり前のこともできない人間とは思われたくなかったですし、自分のいる会社が、そんな人間ばかりの会社だと思われることも許せませんでした。

ですから、あるとき「帰れ！」と言われても素直に退散せず、なんとかして挽回しようと試みたのです。

「出入り禁止」営業は意外と成果に結びつきやすい

「私どもがやってしまった問題に対しては大変申し訳ありません。お恥ずかしい話ですが私は事情をよく存じませんので、差し支えなければ、お聞かせいただけませんか？」

そのようにあくまでも低姿勢で尋ねてみると、お客様は怒りながらも事情を話してくれました。そして、

「確かにその対応はひどいですね。ではこのようにすればよかったということですね？」

「まあ、そういうことだな」

対応策の提案も交えながら話していくうちに、お客様が次第に冷静になっていくのがわかりました。

ひと通り話を聞いて、最後にこう言いました。

「私は前の営業とは違います。最後に一度だけチャンスをください！」

一度は怒鳴りつけて追い出そうとした営業マンがそのように言うのですから、お客様は面食らったと思います。

でもその意気込みが伝わり、チャンスをいただけることになりました。そしてその結果、契約につながったのです。


それから私は「自分の担当エリアのクレームは全部なくしてやる!」くらいの意気込みで、「出入り禁止」企業に対してあえて積極的に営業し、成果に結びつけていました。一時は「クレーム返しの嶋津」と異名を取るほどでしたね(笑)。

この**「出入り禁止」営業のいいところは、マイナスからスタートする**ことです。相手の期待値が大幅なマイナスなので、少しでもまともな対応をすればプラスに見てもらえて、それが好印象につながるということです。

最初の訪問で怒鳴られたり嫌みを言われたりするのはいい気分ではありませんが、「そもそも自分がやったことじゃない」と開き直ってしまえば、冷静に相手の話を聞いていられます。

もちろん、まったく相手にされず追い返されることも多いのですが、そもそもがダメ元なので、「しょうがないか」と簡単にあきらめがつきます。

そして、もし結果を出せたら、社内から「えっ、あの企業から受注したの？　嶋津君すごいね！」と、いつもよりも高い評価を得られます。

自分のなかでは、誰もがイヤだと思って避けていた問題を自分の力で解決して、しかも契約まで取ったということで、大きな達成感・満足感も得られます。

皆さんもぜひダメ元で、実践してみてください。

✓CHECK

> □「出禁営業」は成果を上げるチャンス。ダメ元でやってみる

11

条件が3つ当てはまれば、GO！

契約が取れる4つの共通法則に照らし合わせる

新規開拓営業の営業マンの多くが知りたいこと。その一つが、**「契約してくれる見込み客をどう見極めるか」**ではないでしょうか。

その疑問に対する私なりの答えをご説明しましょう。

新規開拓営業では、一日のうちの多くの時間を成果につながらないことに時間を費やすことになります。

テレアポや飛び込み営業をすればほとんどは断られ、商談することができたとしても、それが成果に結びつくケースはまれだからです。

なかには、お客様が熱心に話を聞いてくれて、いい感触だと思って2時間も3時間も粘ったのに、結局一円の契約ももらえなかったこともあります。

そのようなムダな時間を減らして、もっと効率的に契約につなげるようにするためには、**「契約が取れそうな見込み客」を早い段階で見極める**ことが大切になります。

目の前の商談相手が、見込みがあるのかないのか。その違いがわかれば、契約に結びつかないお客様にムダな時間を費やすことがなくなり、より有効なことに時間を使うことができます。

その結果、商談から成約に至る確率を高めることができます。
私も営業マン時代に、そのような問題意識を持っていたことから、自分の商談を振り返って分析をしてみたことがあります。

すると、商談の際にある一定の条件がそろっていると、その商談は受注に結びつきやすいことがわかってきました。その条件とは次の４つです。

1．決裁者と直接会うことができている

最終的に商品の購入を決めてくれる人に、早い段階で会って、直接商談することができたケースでは、後に契約に結びつく可能性は高かったといえます。

決裁者とは多くの場合、社長や役員です。特に小さな企業では、お金を出す社長がすべてを決めていることも多いでしょう。

一般家庭の場合なら、商品によって決裁者は、ご主人であったり、奥様であったり、時には子供であったりします。お金を出す人が決裁者であるとは限りません。

商談の最中に「誰が決めるのか」をさりげなく聞き出し、できるだけ早くその人に

つないでもらえるよう、担当者にアプローチしましょう。

2．座って話ができている

飛び込み営業に行った先で、応接室や家のなかへ通してはもらえず、相手の玄関先で立ち話のまま商談を始めなければならないケースがありました。

そういったときには、お客様側も気持ちがそぞろになっており、じっくりと話を聞ける態勢ではないため、次の商談につながる確率は少なかったです。

反対に、最初から座って話ができていたケースでは、受注に至る確率が高かったといえます。

3．お客様にニーズもしくは問題意識がある

自分が売り込みたいと考えている製品について何らかのニーズを持っていたり、あるいはそれに関連する業務について問題意識が明確になっていたりすると、話は早く進みました。あとは製品を選ぶか問題解決する手法を選択するだけだからです。

4. 古い製品を使用している

私のいた会社では事務機や通信機器を販売していたのですが、それらと同種の製品で古い機器を使用していた場合、お客様に買い換えのニーズがあるかないかは別として、契約に結びつく確率が高かったといえます。

反対に、同種の製品を購入したばかりのケースでは、いくら粘っても新たな契約を取ることは困難でした。

自分の過去の商談を分析した結果、このように4つの条件が導き出されたわけです。そして、商談の最中に、「このお客様の場合は3つ以上の条件がそろっているな」と感じた場合には、特に粘るようにしました。

その結果、粘るべきお客様とそうでないお客様が区別できるようになりました。ムダな営業先に費やす時間を減らし、契約につながる行動により多くの時間を投入できるようになったのです。

営業マンは、話をよく聞いてくれるお客様や、優しいお客様のところに営業に行きたくなります。しかし、それが契約に結びつくかどうかはまた別の話。

限られた時間をどう有効に使うかは、常日頃から意識しておくべきでしょう。

「勝ちパターン」と「負けパターン」のログ（記録）を取る

ほとんどの営業マンはお客様のログ（記録）を取っていません。そこには大切な「傾向値」があるにもかかわらず、「なんとなく」理解しているだけで終わらせてしまっています。

これはただ営業を繰り返しているだけの、非常にもったいない話です。営業をしているお客様のログ（記録）を取り続けていると「契約の取れるパターン（条件）」と「契約の取れないパターン（条件）」の傾向値がわかってきます。

〈ハード面〉

- 会社の規模
- 業種
- セキュリティ（オートロック）のある・なし
- 受付のある・なし

- 面談相手
- 面談場所（玄関、応接室、近くの喫茶店、社長の机の横など）
- 使用機器
- 使用年数
- 使用台数
- 使用頻度
- 使用形態（サイズなど）
- 使用機器のよくあるデメリット

〈ソフト面〉

- 会う前に相手の情報収集をしている（ホームページ）
- 自分の話もする（オープンマインド、対応の法則）
- 書いて説明することが多い（百聞は一見にしかず、説得力が増す、理解が増す）
- 意見と事実の区別をして話す（意見は仮説にすぎない）
- お客様を安心させるために相手の主張をまとめて繰り返して確認する
- 曖昧なことは曖昧に返事をしないで、調べて事実のみ話す
- ユーモアのある会話（つかみ）を心がける
- 視線の高さを合わせる
- わからないことは素直に聞く
- お客様からの質問の多い・少ない

●自分が立っているか、座っているか　●社長（決裁者）のタイプを知る
●飛び込んだときの最初の社内の雰囲気をつかむ

どこまで細かくログを取るかは営業形態によって異なりますが、少なくとも、契約の取れるときに比較的そろっている条件と、そうでない条件がわかってきます。これがわかると、極力条件がそろっているお客様を探すつもりで営業をすれば、効率がよくなります。私はこれを**勝ちパターンを知るための「条件分解」**と呼んでいます。

皆さんも過去の成功した商談を分析し、見込み客を早い段階で見極める条件を探ってみてはいかがでしょうか。

✓CHECK

"

□**見込み度を見極めるための判断軸を持つ**

"

12

「この営業マンは違う！」と思われる人を目指す

将来の見込み客と信じ、強い印象を残しておく

私は営業マン時代、一日に100から200軒もの飛び込み営業を毎日こなしていました。アポなしでいきなり訪問していくわけですから、話を聞いてもらえないことも多かったのですが、話を聞いてくれるお客様も一定の割合でいました。

ただ、それでも最終的には、「今はいらない」「予算がない」などと体よく断られるケースが大多数だったといえます。

同僚のなかには、一度訪問して契約に結びつかなかった会社には二度と行かないという人もいましたが、私はもったいないと考えていました。せっかくお客様に会えたのに、**1回だけで関係を切ってしまったら、商談をした時間がムダになる**からです。

一度商談できたお客様であれば、純粋な新規開拓の場合よりも、商談に応じてくれる可能性は高くなります。

そして、たとえ「今はいらない」と断られたとしても、故障や流行遅れなどで商品の買い換えを検討する時期がいずれ来るはずです。その時期にタイミングよくアプローチできれば、成約に至る可能性は飛躍的に高まります。

それに、自分が再訪しなくても、他社の営業マンが同じようにその会社に営業に行くはずです。たまたまタイミングが合ってその営業マンに契約を取られた、なんてことになったら悔しい思いをします。

ですから私は、最初の訪問で断られても、ある程度の可能性があると判断した客先に関しては決裁者のいる時間や使用機器への不満・導入時期・使用料など、見込み客リストに登録しておき、定期的にフォローするようにしていました。時機を見て再び訪問し、何か新しい情報がないかヒアリングするのです。

そのようにして接触を重ねることで相手に顔を覚えてもらえば、実際に商品が必要になったとき、**「あの営業マンから見積もりを取ってみようか」**と思い出してもらうことができます。

飛び込み中心の新規開拓営業であっても、見込み客リストをつくることは重要です。見込み客が増えれば増えるほど、契約に至るお客様の数も増えていくと考えます。

商談が失敗でも相手に強い印象を与えておく

それと同時に大切なのは、いかにして**商談の場でお客様を楽しませてあげるか**。

どんな人であっても、話していて楽しい人と楽しくない人だったら、楽しい人のほうがいいに決まっています。であれば、「コイツと話していると楽しいな」「おもしろいヤツだな」という印象を与えたほうが、営業においては絶対に得です。

そこで商談では、さまざまな工夫をして相手を楽しませる努力をしてきました。

たとえば、**大げさな身振り手振り。**

商品説明する際は、単にパンフレットを指差すだけではなく、該当箇所にペンで○を書いて、「印刷スピード30％アップなんです！」と注目させる。ごく単純な計算式であってもわざわざホワイトボードに書いて、「２０００円×５＝１万円、１万円ものコストダウンになります！」とアピールする。機器の薄さを説明するなら、「1・5センチですから、こんなに薄いんですよ」と指で薄さを再現し、片目をつぶってお茶目な感じでアピール。

このように大げさなボディランゲージを交えるだけで、眠くなりそうなトークを淡々とするよりも、よほど興味を持ってもらえます。

後になって知ったのですが、この行動には「メラビアンの法則」（人は情報の93％

を非言語で受け取る法則）というちゃんとした理由があったことを知りました。

実際、**相手に「コイツなんだかおもしろい」と思ってもらえば、それで勝ち**です。

商談が良い方向に進まなくても、見込みがありそうなお客様の場合には、ちょっと強引に粘ることも大事です。しかし、ただ粘るだけではおもしろくありません。

社長「じゃあ考えておくよ」

嶋津「わかりました。ではご検討のほどよろしくお願いします……（と席を立ちながら）って社長！　マジで僕のこと帰すんですか⁉　ものすごい損失ですよ（笑）」

と冗談を言いつつ強引に席に戻って、さりげなく話し始めるわけです。芸人さんでいうところのノリツッコミですね。

「今度買い換えの時期が来たら君から注文するよ」

なんて言われたら、

「本当ですか？　じゃあ、約束の証《しるし》に、このコピー機に名刺を貼っちゃいますね」

と本当に貼って帰ってくることもやりました。

お客様は、「好きにすれば」と言ってやらせてくれました。名刺は後で剥がされるかもしれませんが、「そこまでやる？」と自分のことを印象づけられるのは確かです。

ただし、あまりにやりすぎると悪い印象を与えてしまいます。あくまでも楽しい気分にさせていい印象を残すことが大切。ポイントは、「笑顔」だと思います。

私は、「玄関から入ってきた瞬間の笑顔が、ほかの営業マンとは違った」という理由でお客様から注文をいただいたことがあります。**笑顔というのはそれほどまでも印象を残すツール**だということです。

相手を楽しませる姿勢と笑顔で印象を残す、そんな人が売れる営業マンの一つのタイプといえるかもしれません。

✓CHECK

”

□**商談で印象を残すことができれば、次につながる**

□**一回ご縁をいただいたお客様は大切にする**

“

13

今日の夜、飲みに行くから、今日頑張る！

営業でうまくいっている人ほど、動機が不純

会社員時代に、周りの営業マンを見ていて思ったことは、**営業成績がいい人には、意外と動機が不純な人が多い**ということです。

「もっとたくさん給料が欲しいから……」

「仕事を終わらせて飲みに行きたいから……」

「高級車を乗り回したいから……」

あくまでも私の印象ですが、そんな不純な動機で仕事をしている人ほど、営業で成果を上げていました。

私も動機は不純でした。

大学を卒業してバリバリの営業会社に入って過ごすつらい日々。当時は6畳一間・風呂なし・家賃3万8000円のアパートに住んでいたので、毎日銭湯が終わる23時に間に合うよう、仕事を終わらせなければなりませんでした。そんななかでのモチベーションは、

「営業で成績を上げて、風呂付きのマンションに引っ越す！」

でした。

その後も、営業成績が上がっていくにしたがって、

「クルマを買って女の子とドライブに行きたい！」

「昇進して偉くなりたい！」

というふうに目標は変わっていきました。「人の役に立ちたい」「お客様の喜ぶ顔が見たい」などという高尚な動機は、まったく持ち合わせていませんでした（笑）。

私はそれでも大いに結構だと思っています。

目先のニンジンでパワーが出るのが若い人のいいところです。そのパワーが結果につながるのであれば、どんな不純な動機であっても、強く意識することが大切。逆に純粋な動機があっても、それが成果につながらなければ一円にもならないですし、周りから評価もされません。

常に結果を求められる営業マンだからこそ、ガツガツと、前のめりに、不純な動機をはっきりと意識して仕事に臨むべきでしょう。

不純な動機を仕事の原動力にするためには、仕事における目標と、自分の私的な動

機をリンクさせることです。

たとえば、

•風呂付きアパートに引っ越したい！

⬇そのために、主任になって給料2万円アップする！

⬇主任になるために、毎月○○万円売上を上げる！

⬇そのために一日100軒訪問するぞ！

という具合です。仕事の目標と自分の私的な目標を切り離すのではなく、つなげて考える。そうすることで、目先のニンジンをより強く意識することができ、仕事のパワーにつながるのです。

立派な経営者も、最初の動機は不純

不純な動機が原動力になるのは、営業マンだけに限ったことではなく、経営者にもいえること。

私はいろいろな経営者と交流を持っていますが、**できる経営者ほど、起業の動機は意外と不純です。**

雑誌やテレビでは結構偉そうなことを言っていても、直接話を聞くと、

「お金持ちになりたかったから」

「社長ってなんかカッコ良さそうだから」

など、たいした動機は持ち合わせていませんでした。

彼らの動機はどれもが、【for me（私のため）】の動機で、「社会に貢献したい」「お客様のために」といった【for you（他人のため）】の動機ではありません。おそらく、for me の動機は自己の欲望から来るエネルギーなので、for you よりも強くなり、それがさまざまな困難や問題を乗り越える力になるのだと思います。

ただ、いつまでも不純なままでいいかというと、そうではありません。経営者ならいつからか、for you の動機へとシフトチェンジするときが来ます。

たとえば私は、同僚と集まって会社を興した時点ではたいした動機は持っていませんでした。しかし会社が大きくなるにしたがって、「会社は社会の公器である」と考えるようになり、自分の仕事についても「部下の育成や組織づくりについて伝えていき、社会に貢献したい」という思いが芽生えてきました。

営業マンであっても、結果を残し、責任ある立場になるにしたがって、純粋な動機を自分のなかで意識していくようになるはずです。

本人が意識しなくても自然とそうなっていくはずですから、まだ**若いうちは、不純な動機を原動力にしても構わない**でしょう。

✓CHECK

”

□**若いうちは不純な動機を意識して、仕事でパワーを発揮する**

“

14

話題に事欠かないようにするために、
常に話すネタを探す

「相手の情報」に勝る決め手はない

私のいた会社では、飛び込みで入ったその日に契約をいただく「即決」のパターンもよくありました。

私を含め営業は、何回も訪問に行くよりもできるだけ即決したいと考えていました。

そのためにはどうすればいいかと、過去の即決に成功した商談のケースを振り返ってみたところ、気づいたことがありました。

それは、**「訪問先での滞在時間が長いほど即決する傾向が高い」**ということです。

では滞在時間を延ばすには何をすべきか。お客様と会話を弾ませる必要があります。

会話を弾ませるといっても、そもそも私は人見知りが激しく、人とおしゃべりすることに苦手意識を持っていました。営業先の社長が好むような話題もあまり持ち合わせていません。

したがって**会話を弾ませるには、自分がしゃべるのではなく、相手にしゃべってもらう必要がありました。**

自分の売りたい商品に関する話なら、使っている機種や使用頻度、リース料金など、用意しておいたヒアリング項目を次々とぶつけていくだけで答えてもらうことができ、会話は進んでいきます。問題はそれ以外の部分で何を話してもらうかです。

ポイントは、**相手が興味を持ちそうな話題、相手が話しやすいネタを振って、相手に気持ちよくしゃべってもらう**ことです。

今だったら、事前に会社のホームページを確認し、話のネタになりそうなものをストックしておくことは最低限の下準備といえるでしょう。

ただ、次から次へと飛び込むのに、いちいち下調べなどしていられません。

そこで私は、お客様の玄関に入ったところからが勝負と考え、注意深く周囲を観察して情報収集するように努めていました。

- 同じビルにどんな会社が入っているか
- ビルに何かおしゃれなところがあるか、何か特徴があるか
- 玄関や応接室に何が飾られているか
- オフィスは整理整頓されているか

● 社員は何人くらいで、どんな雰囲気で働いているか
● 掲示板にどんな連絡が貼ってあるか
● 競合製品は利用しているか。その状態は？

など、よく観察してみればヒントとなる情報はいくらでもありました。

たとえば玄関や応接室に、社訓や企業理念、表彰状、ＩＳＯ認証取得の登録証が飾られていれば、その会社がどんな業務を行い、どんなことを大切にしているかといった価値観を知ることができます。

掲示板に貼られた社内連絡からは、お客様の困り事が発見できるかもしれません。

私の場合は電話機も扱っていたので、オフィス入り口のドアフォンも有益な情報になりました。ドアフォンが専業メーカーのI社製ではなく大手メーカーP社製だったとすれば、ドアフォンと電話機を連携させて使っているケースが多いので、電話機にもP社製が使われているだろうと予測できました。

そこで受付に出てくれた人に、「お使いのP社の電話機の件でうかがいました」と鎌をかけてみるのです。すると「あれ？　うちの会社のことを知っている人かな？」

と思ってもらえて、門前払いされずに話を聞いてもらえる確率が高くなりました。

また、私がターゲットとしていた中小企業は、入ったらすぐにオフィス内が見える環境の会社が多く、普段から見た瞬間に「どこのメーカーのどんな機種を使っているのか」を判断できるように勉強していたので、同じようなアプローチをすることができました。

あらゆることから会話の糸口を探す

業務とは関係のなさそうな情報も、会話に詰まったときの話題転換に利用できます。
嶋津「ところで社長、玄関にゴルフバッグが置いてますけど、お好きなんですか？」
社長「うん、まあね」
嶋津「私も3年前に始めたんですが、いやー難しいですね。なかなか上達しません」
社長「まあゴルフっていうのはさ……」
こんなふうに相手が乗ってきてくれれば大成功。**話題の「ホットボタン」を押した感覚**ですね。あとは相手が気持ちよくしゃべってくれます。

ゴルフや釣り、お酒、食べ物、孫、ペットなど、よく周りを観察してヒントを見つけ、これぞというネタを振ってみるといいでしょう。

営業マンのなかには、なんとかして話を弾ませようと思って、自分のことばかり話してしまう人がいますが、これは大きな間違い。よく知らない人から興味のない話を聞かされるほど苦痛なことはありません。

会話を弾ませる狙いは、互いの理解を深め信頼関係を築くこと。

そのために自分が話すのではなく、お客様に話をさせること。相手が興味を持ちそうな話題を振って、気持ちよく話をしていただくことが、相手との距離を近づけ、信頼関係を構築することにつながるのです。

✓CHECK

- □客先での滞在時間は成果を測るポイントの一つ
- □玄関を入ってからが勝負。ネタ探しに目を光らせる
- □自分がしゃべるより相手にしゃべらせる

15

課題発見シミュレーション

成果を変えるには契約までの物語を準備しよう

「準備が成果を変える」が私の持論です。

営業活動においても、見込み客を訪問する前には、商談の進め方や受け答えのパターンを想定し、シミュレーションしておきましょう。

まずはお客様の状況を把握します。事務機器を取り扱っているなら、使用している機器やその台数など、相手が悩まずに答えられる簡単な質問をしていきます。

ここでのポイントは、**「YESで答えられる質問を繰り返す」**です。これは心理学的にも効果があるとされるテクニックで、「はい」「はい」と答えていくうちに、相手を肯定的な気分にさせるというものです。

たとえば、手元にすでに情報があっても、確認のために質問していきます。

営業　「電話機は10台お使いですね」
担当者「はい」
営業　「最後に更新したのは7年ほど前ですね」
担当者「確かそれぐらいです」
営業　「なかには、不具合が出てくる電話もあるのではないですか?」

担当者「ええ、そうなんです」
営業　「具体的にどのような不具合か、詳しく教えてください」
　という流れです。

　そこでお客様の抱えている問題にぶつかったら、詳しく掘り下げていきます。ここでのポイントは、**不満や不安、不快、不経済など、「不」がつく状況を引き出す**ことです。この「不」を解消する提案ができれば、商談はスムーズに進みます。

　単に、「今の商品で不満に感じていることはありませんか?」と質問しても、なかなか答えが返ってこない場合があります。そんなときは、一般的によくある例を挙げて質問してみるのも一つの手です。

「お客様がお使いのコピー機ですと、色の出具合が不十分なことはありませんか?」

「古い機器はサイズが大きいので、置き場所にお困りではありませんか?」

「導入後のランニングコストが意外と高いと感じていませんか?」

　といった感じです。

こうして課題やニーズを顕在化した後に、その課題を解決したときに得られるメリットについてお客様と共有します。

営業「複合機が省スペース設計になったら、どう思われますか?」

担当者「うーん、そりゃあ設置場所に困らないよね」

営業「そうですよね。ところでオフィスのレイアウトを変更することはありますか?」

担当者「よくあるよ」

営業「そんなときも、無線LAN対応だったら……」

担当者「まあ、移動がラクだろうね」

このようにして、不満や不安を解決する方法をお客様自身に見つけて、認識してもらうのです。ポイントは、お客様の頭の上に漫画の吹き出しがあって、その吹き出しのなかに、商品を買った後の姿がイメージされているような状態です。

吹き出しにイメージを描いてもらうことができれば、ゴールはすぐそこ。あとは具体的な提案とともに商品説明をしていくだけです。

断りの言葉に対してどう処理するか

お客様に反論されたときの処理方法も想定しておくといいですね。

「検討しておくよ」と言われたら、どうすればいいでしょうか。

「今決めていただいたら、〇%お値引きしますよ」と決断を迫るのも一つの手。

あるいは「ところで社長、入り口のゴルフバッグって……」と話題を転換する方法もあります。まったく関係のない話題を振って、気分の盛り上げを狙うのです。

率直に**「どの点を検討されるのですか?」**と聞いて、解決策を探るのもありでしょう。

商談相手が決裁者でない場合、よく聞く言い訳が「社長に確認を取らなければ」というもの。この台詞が出たら、決裁権者に直接コンタクトを取るチャンスです。すかさず「よろしければ私がご説明しますよ」と返しましょう。

「他社の製品と比べてみないと」もよく聞く返答です。

そんなときは、「ぜひやってください。当社の商品の良さをさらに理解していただけると思います。**でもどんな点を比較するんですか？**」と質問します。そこで返ってきた答えには、お客様にとっての問題点・疑問点が含まれていますから、「その点でしたらご安心ください！」と、進言すればいいのです。そのようにして「NO」を一つ一つつぶしていくことで、最後には「YES」が残ることになるわけです。

最終手段として、仮契約を迫る方法もあります。

「**仮契約で構いませんのでお願いできますか？**　もし後で比較して、他社のほうが安かったら、そちらに決めてくださって構いませんから」

そこで印鑑を押してもらえば、受注したのも同然。たとえ仮契約でも、相手は購入した気分になってしまうものです。私の経験上、その段階から他社と比較検討する人はほとんどいませんでした。

一つ、私のなかで印象的に残るエピソードをご紹介します。

あるとき、飛び込み営業をしていたら、たまたま当社のお客様に出くわしました。

新しい機種の導入をあの手この手で提案したのですが、社長がなかなか首を縦に振ってくれません。そこで、私の必殺クロージング（後ほど解説します）――「どうしたら今日やっていただけますか？」と質問をしたところ、お客様が「月額が今と同じ使用料なら今日契約してもいいよ」と言われました。

そのとき「きたー！」と思い、電卓をたたきながらいろいろ試行錯誤しても、どうしても自分の決裁権を超える値引きをしないと、そこまでの水準に持っていくことができません。

少し時間をかけてしまったので社長の気が変わらないうちにと思い、「わかりました！　じゃあ今と同じお値段でやります」と思わず言ってしまいました（汗）。

正直「どうしよう」と思いながら契約書を書き始めたのですが、値段を書く手前で最後のチャレンジと思い「そう言えばこの新しい機器はいろいろと便利なオプションがありまして、これを付けるとこんなに便利になります。費用がいくらかかりますが、どうせ新しいものを入れるなら、便利になったほうがいいですよね」と言ったら、そのオプションを付けてくれました。これが功を奏し、自分で決済のできる適正価格まで上げることができたのです。

ここには、何か大きな決断をし、困難な目標を達成した直後、緊張（テンション）が緩んだ状態（リダクション）になった際に判断力が少し低下する「テンション・リダクション効果」という心理作用が働いていることを後で知りました。

まずは**お客様に「YES!」と言わせる**ことです。私もそうですが、一度「買う」と決めると「どうせ買うなら」という心理が働き、価値を見出していただければ、多少の値上がりは吸収してもらえるものです。

✓CHECK

□「YES」で答えられる質問を繰り返す
□顧客の疑問・悩みを先回りして提示する
□不利な状況になったら話題を転換してみる

16

早く、強く、適切に

クロージングは、「強さ」と「タイミング」の差で決まる

営業マン時代に部下から、「なぜ、嶋津さんはそんなに売れるんですか？」と聞かれたことがあり、その答えを知るために、他の営業マンと同行営業を繰り返し、売れる営業マンとそうでない営業マンの違いを調査分析したことがあります。

その結果、両者で明らかに違う点を二つ見つけました。

一つは、お客様のところに行く前の心構えの差です。

売れる営業マンは必ず、**「絶対に契約をもらう」「自分が説明をするんだから契約をしてくれないわけがない」**と、強い自信と決意で商談に臨んでいました。強い気持ちと自信がある人の話には、パンチ力や説得力があります。

反対に売れない営業マンは、「契約をもらえたらいいな」「今日受注できたらラッキーかな」といった軽い気持ちで臨んでいる場合が多いように感じました。

もう一つは**クロージングの「強さ」と「タイミング」の差**です。

売れる営業マンは、他の営業に比べて明らかにクロージングが【早く・強く・適切】だと感じました。

反対に売れない営業マンは、クロージングが【遅く・弱く・タイミングが悪い】という三拍子だったのです。そうなってしまう理由は、押しの弱さにあります。

商談でニーズや要望を十分に聞き取って、それに対してメリットとなる提案をしたとしても、最終的な決断を下せないで迷ってしまうお客様はいます。その心のなかは、第1章で紹介した「51対49の法則」のように、わずかの差で揺れ動いています。

「このタイミングで買っていいんだろうか?」

「もっとほかにいい商品、安い商品があるのではないか……」

「この人から買っても大丈夫だろうか」

と踏ん切りがつかないでいるのです。

そんなときに営業マンの自信を持ったひと言が、大きな後押しになります。

「ここで決めましょう。もう機械のトラブルに悩まされることはなくなりますよ」

「お客様、納品日は○月○日で結構ですね?」

と契約書とペンを差し出せば、お客様の気持ちは決断に傾くはずです。

ところが多くの営業マンは、日本人ならではの押しの弱い謙虚な性格からか、「お客様、いかがでしょうか……」などと判断をゆだねるような言い方をしてしまいます。

これではクロージングに成功しません。

日常の買い物でもよくあることです。たとえば洋品店で気に入った服を見つけ、「買ってもいいんだけど、絶対に必要というわけでもない。どうしようかな……」と、しばし検討していたとします。店員からのひと押しがあれば踏ん切りがつくのに、そんなときに限って誰も寄ってこないし、積極的にすすめてもくれない。結局、買わないで店を出てきた。誰もがこんな経験をしたことがあるのではないでしょうか。

迷っているときに最後のひと押しがあるかどうかは、意思決定を大きく左右するのです。

強引な営業マンは嫌われます。しかし、**「強引さ」と「押しの強さ」は違います。**

商談のなかでお客様と問題点や解決策を十分に共有した後なら、「押しの強さ」で背中を押してくれることをお客様が望んでいる場合も多いのです。

「どうしたら今日やってもらえますか?」は最強のクロージング

先ほどお話ししたように、私のいた会社では初めておうかがいしたお客様から注文をいただく「即決」といわれる営業をすることが原則でした。

そこで、いろいろ経験を積んでいくうちにある強力なクロージングを開発しました。

それは**「どうしたら今日契約をいただけますか?」**とお客様へ率直に聞いてみることでした。

おもしろいことに、このひと言を言うとお客様から、

「○○円にしてくれるなら今日やってもいいよ」

「○○をサービスしてくれるなら今日やってもいいよ」

というように、その日のうちに契約をいただける条件をお客様から提示してもらえるようになりました。この条件を引き出すことができたら、あとはどこまでその条件に近づけるかが要件になってきます。

もちろん「今日はどんな条件を提示されてもやらないよ」と言われてしまったこともありましたが、即決していただけるお客様の確率が格段に上がりました。

✓CHECK

“
□押しの弱い営業より押しの強い営業になる
□買った後の状況を想像させ、購買意欲を高める
”

稼ぐ営業マンへの道！ 営業4コマ劇場

「クレーム返しの嶋津」の巻

第3章

「やりたくない」を強みに変える最強3原則

「やめる、すぐやる、さきをよむ」

17

〈やめる〉

決定権は営業マンにない

自分が売れない理由は案外わかっている

私が営業マンになったばかりの頃、数か月間は、まったく売れませんでした。お客様と商談しても、「今はいらない」「お金がない」「買ったばかり」などと断られてばかり。どうすればいいかまったくわからなくなっていたとき、上司から言われたひと言が強く印象に残っています。

「嶋津君、営業は断られてからが始まりだ。商談では、お客様からたくさんのＮＯが返ってくるが、そのＮＯをすべて消すことができれば契約するしかなくなるんだ」

確かに上司の言う通りだと思いました。

と同時に、それは仕事に対する姿勢にもいえることだと感じました。

当時の私は、営業がうまくいかないことを、「景気が悪いから」「商品が時流に合っていないから」「価格が高すぎるから」などと環境のせいにしていました。イヤなことから逃げたい、言い訳をして自分を守りたいという本能から、売れない理由を自分の外に求めていたのです。

しかし、同じような環境・境遇にあっても売れる営業マンはいます。**本当の売れない理由は自分にあります**。まずはその理由を把握しないことには問題は解決しません。

そこで、もし**「売れない理由」が頭に思い浮かんだら、全部書き出してみる**ことをオススメします。そのうえで、その「売れない理由」が本当に障害になっているのか、できるようにする方法はないのかと、考えてみます。すると、

- 「景気が悪い」➡景気がいい業界をターゲットにしてみよう
- 「商品が時流に合っていない」➡スマホ時代にガラケーを欲しい人もいる。どこかにニーズはあるはずだ
- 「価格が高い」➡総合的な価値を考えればむしろ安いとアピールしよう

というように、頭に浮かんだ「売れない理由」は排除されていきます。そうすると最後は、**売れるためにどうすればいいか、やるべき行動が明確になります。**

また、これまで受注できた案件を振り返り、**「売れた理由」を分析することも大切**です。

「お客様が自社の商品を買った理由はどこにあるのか」
「なぜ、他の営業マンではなく自分から買ってくれたのか」

と考えてみるのです。

多くの場合、自社商品には競合商品があり、その競合商品との差は大きくはありません。そして企業でも一般消費者でも、ほとんどの顧客は複数の商品を比較検討してから購入します。

ではそのようなかで、なぜお客様は競合商品ではなく自社商品を選んでくれたのか。価格か、機能か、アフターサービスか、企業に対する信頼か、提案内容か、営業マンとの信頼関係か。購買を決定づけた理由には複数あると思いますが、なかでも大きな理由は何だったのか、分析してみる必要があります。

そしてその理由こそが、自社商品や営業マンである自分にとっての強みであり、お客様にアピールするべきメリットになります。この強みやメリットを明確に意識できた営業マンが、成果を残すことができるのです。

最終的に判断するのはお客様。営業マンではない

もう一つ、営業マン時代に印象に残っていることがあります。商談してもなかなか

契約に結びつかないで悩んでいるとき、上司が言った言葉です。
上司「嶋津、商品を高いか安いか決めるのは、誰だ？」
嶋津「お客様です」
上司「じゃあ、営業が迷惑か迷惑じゃないか決めるのは？」
嶋津「お客様です」
上司「じゃあ買うか買わないか、満足か不満か決めるのは？」
嶋津「お客様です……」
上司「決めるのはお前じゃなくて、すべてお客様だ。嶋津はお客様が判断することを、自分に決定権があるように決めているよね」

この言葉に図星を指された気がしました。確かに私は、お客様の反応が少しでも悪いと、「高いと思っているんじゃないか？」「迷惑と思っているんじゃないか？」「これ以上プッシュしたら怒られるんじゃないか？」と自分のものさしで判断し、すぐに引いてしまうところがあったのです。

しかし、上司に言われて以来、お客様が判断するべきことを自分で判断するのをやめ、「迷惑なら断ってくるはずだ」「価値がなければ買わないはずだ」「買う気がないなら断るはずだ」「すべてはお客様が決めるんだ」と思うようにしました。

先入観を持たずに行動するようになってからは、不思議と契約が取れるようになりました。この思い込みをなくすシフトチェンジが、売れる営業へ変わった大きな転換点になったような気がします。

人は思い込みの動物です。**思い込み＝メンタルブロックをはずしたときに、別の世界が見えてくる**はずです。

✓CHECK

□「売れない理由」を排除すれば「売れる理由」だけが残る
□顧客の気持ちになって勝手に判断するのは無意味

〈やめる〉

考えすぎると売れなくなる

お客様の気持ちを理解しようとしない

会社員時代の上司に言われ印象に残っている言葉があります。

「営業の仕事では、お客様を理解しようとすることは大切だ。でも、**お客様の気持ちがわかりすぎると、売れなくなることがあるんだよ**」

それを聞いたときは、どういう意味なのかよくわからなかったのですが、今から思えば、**「自分の尺度でものを考えたらダメ」**と言いたかったのではないかと思います。

たとえば、事務機器を導入するのに、毎月3万円の使用料がかかるとします。

これは企業経営者として考えると、そう大きな額ではありません。お金に余裕があるからではなく、会社の経営に必要な経費をトータルで把握し、そのなかで費用対効果を考慮したうえで金額をとらえているからです。

しかし、個人の尺度で考えれば、印象は違ってきます。毎月の給料にあと3万円上乗せできると考えれば、いろいろな使いみちが思いつきます。個人にとって3万円は大きな額です。

そのように、自分のものさしで3万円をとらえたままだと、お客様に提案するときにブレーキがかかってしまいます。

「毎月3万円なんて提案したら、高いと思われるかもしれない」と妙な遠慮や戸惑いが生まれてしまうわけです。

お客様の立場に立ち、お客様を理解しようと思う気持ちは大切です。

営業の研修では、お客様役の気持ちを考えるロールプレイングもあるくらいです。

しかし、それくらいの練習やちょっとした想像で、本当に他人の立場に立って物事を考えることができるでしょうか。私は難しいと思います。

個人の価値観は多種多様で複雑だからです。

ただ、相手の気持ちではなく、相手の置かれた状況を事実として正確に知ろうとすることはできるはずです。

まずは、相手がどんな会社でどんな仕事をしているのか、社長は何を目指しているのか、従業員に何を期待しているのか、どんな商品・サービスを使っているのか……など、事実を把握するように努めることが大切です。

そうすることで相手への興味関心が高まり、相手の抱えている悩みや課題がわかるようになるのです。

コミュニケーションでも相手の立場に立たない

「相手の気持ちを考えすぎない」は、普段のコミュニケーションにおいても同じことが言えることです。営業の仕事に慣れてくると、

「ここで謝っておいたほうがいいかな?」

「ここで強く言ったらひんしゅくを買うかな?」

「こんなこと聞いたら恥ずかしいかな?」

などと**「場の空気を読むこと」が上手になってきます。しかし、これは余計なスキルです。**

相手の立場に立って言葉を選び、行動していても、それが本当に正しいとは限りません。であれば、子供のような素直な気持ちでコミュニケーションをして、最終的な判断は相手に任せてしまったほうがいいのではないでしょうか。

言いたいことは言い、わからないことはわからないと言うようにしましょう。そして、もし間違ったと思ったら素直に謝ればいいのです。

クレーム対応についても同様です。

クレーム対応の基本は、間違ったこと、迷惑をかけたことについてはまず謝ること。そしてお客様の言い分をじっくり聞き、何が問題になっているのか、何について怒っているのかを分析し、速やかに対処することです。

こちらに非があるケースなら、そのような対応をすべきなのですが、なかには、ほとんど難癖に近いクレームをつけてくるお客様はいます。

そんなとき、担当営業マンとしては、「問題を大きくしないためにも、とりあえず謝っておくか」と謝ってしまうこともあるかもしれませんが、それはいけません。

本当は謝る必要がないクレームだったら、謝らなければいいのです。お門違いのクレームに対しては、自社の主張をちゃんと通したほうがむしろ誠実です。強くクレームを言って要求が通るなら、クレームを言わない、おとなしいお客様が損していることとになり、失礼です。

ただし、「言った、言わない」の水掛け論になってしまった場合には、証拠がない以上、こちらの正当性を主張することはできませんから、さっさと謝って丸く収めたほうがいい場合もあります。

最終的には、**誠実な対応をできる人のところにお客様は集まってくる**のです。

✓CHECK

”

□顧客の視点は必要だが、顧客になりきる必要はない

□不当なクレームには毅然とした対応を

“

19

〈やめる〉

考えると、営業行為に悩み始める

「ヒト」と「コト」を結びつけて考えない

仕事をしていれば誰もが悩みを抱えることはあります。

新人時代の私の悩みといえば、ずばり「仕事がイヤだ」でした。

男性であれば、若い頃に女性をナンパした経験がある人は多いかもしれませんが、私はナンパなんてできない性格です。もともと人見知りが激しくあがり症でしたし、断られて恥をかくことに対する恐怖感があったからです。

営業マンになってからも同様に、「断られる＝恥をかく（傷つく）」と考えているところがありました。

思い出すのは新人研修を終えて支社に配属され、３日間先輩について同行営業をした後、初めて一人での営業活動をスタートした日のことです。

電車に乗って担当する町まで行き、最初の飛び込み先である釣具屋さんの前に着きました。しかし、店の前をウロウロするだけで、なかなか踏ん切りがつかない。

「ひとまず作戦会議だ」と自分に言い訳して、先輩の教えを書いたメモを見ながら、どんなふうに飛び込んでいくかシミュレーションを繰り返し……そうしているうちに

3時間が過ぎ、1軒も飛び込めないままお昼になっていました。

当時その会社では、同じ課の営業メンバーは昼ご飯を一緒に食べる習慣がありました。そこで上司に「どうだった?」と聞かれ、「飛び込めませんでした」とは恥ずかしくて言えず、「何軒か飛び込みました」とウソをつきました。しかしいろいろと突っ込まれて、答えにしどろもどろになったのを覚えています。

「とにかく、やらないことには始まらない」そう決心して、午後にやっと1軒目に飛び込むことができました。

飛び込んでみると意外にあっけないもので、契約には至らないものの、話を聞いてもらうことができました。「悩みすぎてもしょうがない。一歩踏み出す勇気が必要だったんだな」と感じた思い出です。

感情的になるのを防ぐ

ポイントは、**「ヒト」と「コト」を結びつけて考えない**ことです。

確かにお客様に断られれば、自分自身が否定されたような感覚になり、少なからずショックを受けます。

しかし実際には、お客様はあなたを否定しているわけではありません。商品を購入したばかりかもしれませんし、本当に手が離せない状況だったのかもしれません。あるいは、予算がなかったから、提案内容にメリットが感じられなかったからなど、断るにはいろいろな理由があります。

そういった背景があるなかで、**商品を買うという行為（コト）を否定しただけで、営業マンであるあなた（ヒト）を否定したわけではない**ということです。だから、**自分自身に非があると思い込み、必要以上に悩む必要はまったくない**のです。

ヒトとコトを結びつけないことは、いろいろな場面で、感情的になるのを防ぐために有効な考え方です。

たとえば当時私が勤めていた会社では、機器の設置工事をする部門の対応がまずく、お客様に迷惑をかけてしまい、そのクレームが営業にくることがありました。

「ただでさえ大変な仕事をしているのに、クレーム処理までしなければならないなんて！」

私はそう腹を立てることがよくありました。

しかしこの怒りは、「工事部門はきちんとしたサービスを提供するはずだ」という自分の期待があるからこそ、わき起こる怒りです。もともと期待がなければ、怒りは生まれません。

もちろん、工事部門へ期待することはいいことなのですが、それが相手へ押しつけたものか、共有されたものかで、大きな違いがあります。もしかしたら、工事部門は人手不足でチームがうまく機能していなかったのかもしれません。だとすれば、その事実（コト）が問題なのであり、部門のメンバー（ヒト）には関係のないことです。

また、クレーム対応の際も、「お客様は工事部門の対応（コト）に対して怒っているのであり、自分（ヒト）に対して怒っているのではない」と考えれば、感情的になることなく冷静に対処できます。

それからもっと根本的なことですが、**仕事に入れ込みすぎないというのも大事**です。

真面目な性格の人は、言われたことは全部自分の責任だと思い、一生懸命になって自分を追い詰める傾向にあります。

人間は常に緊張感を持って仕事をすることはできないもので、適度に休憩する必要があります。**どうしてもイヤになったときは思いきってダラダラと仕事をしていったんリフレッシュ、それから気を取り直して頑張る、**という切り替えも大事だと思います。

✓CHECK

"

□「ヒト」と「コト」を切り離し、感情の高ぶりを軽減

□ときにはダラダラと仕事をする日もあっていい

"

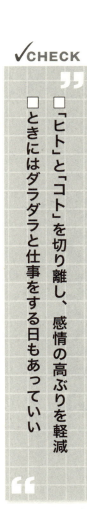

20

〈すぐやる〉
ドブ池に金脈あり。多くの人は拾いに行かないだけ

「嫌い」「やりたくない」「面倒くさい」営業3悪案件こそ、絶好の機会と考える

営業マンならわかると思いますが、営業しやすい客先もあれば、そうでない客先もあります。

たとえば大企業。大企業の社員には一人一人が会社というブランドを背負っており、会社の評判を気にします。そのため突然訪れた営業マンに対しても、ひどい対応はせずに、とりあえずお茶を出してくれて話を聞いてくれたりします。

個人相手の営業の場合なら、暇を持てあましていて話し好きなお年寄りなどでしょうか。営業力に自信がない営業マンほど、親切な相手のところに好んで行く傾向があります。

しかし、話しやすいかどうかと、成果に結びつくかどうかはまったく別問題です。いくら話しやすい相手でも、一円の売上にもならなければ商談する意味がないのです。

「自分が飛び込みづらい取引先は、ほかの営業も飛び込みづらい。だから、そんな取引先は意外とオイシイんだぞ」と上司に言われたことがあります。

確かにその通りで、ほかの営業マンが**「嫌い」「やりたくない」「面倒くさい」**と思

うようなお客様ほど、じつは売上に結びつく可能性を持っていたりします。

たとえば、私が初めて受注した案件がまさにそれでした。東京23区としては都心から離れた大田区。そのなかでも静かな住宅街にある自動車部品会社でした。

私のいた会社では企業や商店、個人事務所などで利用される事務機器を扱っていたので、飛び込み営業をするなら都市部にあるオフィスビルや雑居ビルのようなところのほうが効率的でした。エレベーターに乗って上下に移動するだけで数多くのオフィスを訪問できるからです。

ところが私が訪問したのは、住宅街の真ん中にポツンとある小さな会社です。営業マンが足を運びやすいところではありません。

そこに私が飛び込んで行ったことで、お客様はビックリし、「うちの会社に売り込みにくるなんて初めてだよ」と親身になって話を聞いてくれました。そして結果的に初受注をもらうことができたのです。

そんな経験があったことで、私は、ほかの営業マンが嫌がるような条件の悪い客先でも、気にせずに営業へ行くようになりました。

仕事に対する心がけにおいても、同じです。誰でも「好きなこと」は積極的にやりたいですし、「イヤなこと」からは逃げたいと考えています。私もそうです。

でも、嫌いなことをしないで済むように業務改善に取り組むことと、嫌いなこと、面倒なことから逃げることでは、大きな違いがあります。

そもそも仕事において大切な判断基準は、「好き嫌い」ではありません。好き嫌いで考えてしまうと、嫌いなことでも無理してやらなければならなくなります。そして、嫌いなことを無理やり楽しくやろうと思っても、できるものではありません。

そこで、**仕事において重視する判断基準を「好き、嫌い」「やりたい、やりたくない」ではなく、目標達成のために「やるべきこと、やらなくてもいいこと」**にするのです。

営業マンがやるべきことは売上を伸ばすこと。そのためには、どんな場所にも営業に行くし、誰にでも売る。そんな姿勢で仕事に臨む人のほうが、成果を上げられるようになりますし、結果的に仕事を好きになることにもなります。

先日ある方が、

「自分のしている仕事が嫌いな人でも、自分を大切にしている人は、仕事はうまくいく、うまくできる」

と言っていたのがすごく印象深く残っています。私は営業が嫌いでしたが、営業をやって成果を上げたタイプだったので、深くうなずくものがありました。

次の3つは覚えておいてほしい考え方です。

- **「自分」を大切にできない人は、「他人」を大切にできない**
- **「自分」を大切にできない人は、自分の「仕事」を大切にできない**
- **「自分」を大切にできない人は、自分の「人生」を大切にできない**

既成概念にとらわれず新しい客層を狙う

さて初受注がそんな経験だったことから、私は、あえて人が行かないような住宅街や郊外の会社にも好んで営業に行くようにしていました。

また立地だけでなく、お客様の業種についても、従来ならターゲットとならないようなところにも積極的に営業をかけていました。たとえばお寺・神社、病院、ラブホテル……などなど。

いずれも同僚からすれば「え、そんなところに営業に行ってもいいの?」と思われるようなお客様でしたが、実際に行ってみれば、営業マンが飛び込んでくることはまれなようで、スムーズに商談に応じてもらうことがよくありました。

新規開拓の営業マンは、上司からリストを渡されたり、「従業員1000人以上」「本社オフィス」などの条件を指示されたりして、営業先を決めている場合が多いかと思います。

しかしそれは既成概念にとらわれすぎです。一度、「こんなお客様に営業してもいいの?」という客先に営業してみてはいかがでしょうか。きっとおもしろい体験ができますし、新たな可能性が開けるかもしれません。

✓CHECK

”

□人が嫌がることには、じつはうま味がある

“

21

〈すぐやる〉

「ああしておけばよかった」という人は、稼げない

前から取り組んでいれば、問題にならないことが8割

毎日の営業活動のなかで「あのとき、ああしておけばよかったのに……」と後悔することはないでしょうか。

たとえば、「もう1週間早く訪問しておけば、他社に仕事を取られなかったのに」「提案材料をもう少し用意しておけば、話に詰まらなかったのに」などなど。

何らかの問題が発覚したり失敗したりして、そのことを振り返って後悔しているわけですが、じつはそれらの**後悔のほとんどは、前々から取り組んでいれば問題にならなかったことが多い**のです。

未来のことは誰にもわかりませんが、ある原因がどのような結果につながるのか、想像できることはたくさんありますよね。

毎日ケーキを何個も食べていたら、いずれ体重が増えてしまう。それは当たり前の結果ですし、あらかじめ想像できることです。

営業においても、当たり前の結果を生むプロセスというものはあります。

たとえば、商品知識も身につけずに商談すれば、お客様から突っ込まれたときにうまく答えられなくて恥をかいてしまいます。商談の件数が少なければ、それに比例して受注する件数も減ってしまいます。また、お客様のクレームを放置しておけば、いずれは契約解除などの大問題に発展します。

そうならないために必要な心がけが、**「準備8割、本番2割」**です。**仕事の「できる人」と「できない人」の大きな差はこの発想があるかないかの差**にあります。

人間の行動の特性を、

1．考えてから走る人
2．考えながら走る人
3．走りながら考える人

に分けるとすると、あなたはどのタイプに当てはまりますか？

継続的に成果を出し続けられる本当の意味で優秀な人は、1のタイプの人が多い気がします。

1の人は、走り出した人がいる間も、自分だけ準備（考えたり、本番に向けての行動）し続けることがあるので、非常に焦ることもあるし、それにより自分を見失いそうになることもあります。しかし、最終的に仕事や人生でいい成果を残している人は、1のタイプの人が多い気がしてなりません。

私も基本的にはこのタイプです（40歳を過ぎて保守的になってからは、あえて3に変身するように心がけていますが）。

事前に予測できることに対する準備もやらずに、走り出した後にトラブルに見舞われ、後悔するのがイヤだからです。

新商品の販売の前に想定すること

考えてから走るということは、**「イメージできるまで準備に時間をかける」**ということです。たとえば新商品の販売であれば、次のようなことを事前に考えておくのです。

- どんな人たちが買いたいと思うか？
- その人たちはどこにいるか？
- どこで買いたいと思うか？

- なぜ買いたいと思うか？
- いくらで買いたいと思うか？
- どんな問題が起こりうるだろうか？
- その問題が起きたときの対処法として、どのようなことが考えられるか？
- どのような人たちの協力が必要か？
- どのくらいの費用がかかるか？
- どんな人たちにどのような影響が出るか？
- 成功要因は？　失敗要因は？

これらの要因を想定しておくか、それともまったく考えないかで、事前にできる準備は異なってきます。

準備を怠ったまま見切り発車をすると、行き止まりに突き当たったり、結局回り道をしなければならなくなったりします。

新幹線の「こだま」と「のぞみ」の違いと言ってもいいでしょう。

「こだま」はだいぶ早い時間に出発しますが、各駅停車なので目的地まで着くのに時間がかかります。「のぞみ」はだいぶ後から出発しても、「こだま」を何台も追い越し、先に目的地に着きます。

皆さんはどちらに乗りたいでしょうか？　私なら迷わず「のぞみ」を選びます。

何事も「準備8割、本番2割」を心がけて、**後悔しない営業活動をする**ことが大切ではないでしょうか。

✓CHECK

”

□準備8割、本番2割

□出だしは遅くとも、確実にゴールできる道を選ぶ

“

22

〈すぐやる〉

お客様の行動をあらゆる角度から把握する

相手の時間の使い方がわかれば、攻めどころがわかる

ターゲットとなるお客様に会いやすい時間帯を把握し、それに合わせた営業活動をすることで、成果を上げたことがあります。

たとえば、**小さい企業の社長に会うなら夜が狙い目**です。

営業マン時代の毎日のスケジュールは、基本的に朝から晩まで営業。朝礼後に会社を出発して、電車などで9時には自分のエリアまで行き、そのエリアで夜7時くらいまでは一日中訪問営業をして、夜8時くらいになると会社へ戻ってくる。そんな日々でした。

本来なら担当エリアで営業活動をしたら、電車やバスに乗って会社に帰りますが、私がたまにやっていたのは、会社方面に歩きつつ、営業しながら帰っていくことです。全部の道のりをそうするわけにはいきませんが、何駅かの間歩きながら、明かりがついているビルを見つけて飛び込んでいくわけです。これが意外と効果がありました。

これは小さい企業に限ったことなのですが、夕方よりも遅い時間に訪問すると社長が一人残って仕事をしていることが多かったのです。

中小企業の社長は、長時間働いています。朝は一番に出社してカギを開け、夜は深夜まで誰もいないオフィスで仕事をする。そんな人がほとんどです。**営業マンにとって一番会いたい決裁権者たる社長がいて、しかも直接対応してくれる可能性が高い時間帯が、早朝と夜**なのです。この時間帯は私にとってゴールデンタイムでした。

単に社長がいるというだけでなく、話を聞いてもらいやすい時間帯でもありました。たとえば、私がひょっこり訪問したところ、誰もいないオフィスに一人で仕事をしていて寂しかったのか、嬉しそうに迎え入れて話を聞いてくれる社長がよくいました。なかには軽く飲みながら仕事をしている社長もいて、「一緒にやるか」と言われ、お付き合いしたことも……。

こんな話をすると、「通常の勤務時間外にまで飛び込み営業をしたくない」という人もいるでしょう。もちろん、時間外の営業活動をオススメしたいわけではありませんし、労務管理がきちんとしている会社ではできないことでしょう。

ただ、前にも述べた通り、営業は結果を残すことが大事。**結果さえ残しているので**

あれば、いつ働いて、いつサボるか、ある程度は自分で自由に決めればいいというのが私の持論です。

杓子定規に考えて、ゴールデンタイムを逃がしてしまうのはもったいないのではないでしょうか。

自分が狙っているお客様に会いやすい時間帯を分析してみてはどうでしょうか。そして、たとえば「15時から17時は不在が多く、17時以降は会いやすい」といった傾向がわかったならば、15時からの2時間は喫茶店などで休憩して英気を養い、17時以降にもうひと踏ん張りする、といったメリハリのあるスケジューリングをするのもいいでしょう。

夜に社長がいるのであれば、夜にうかがう。土日ならゆっくり話を聞いてくれるというお客様がいれば、喜んで土日に訪問する。**少し工夫するだけで成果が上がるなら、時間の使い方を柔軟に変える**ことは大切だと思います。

「忙しいから」と断られたときの対処法

ターゲットとなるお客様に最もアプローチしやすい時間帯はいつなのか、それを把握することは重要です。逆に、相手にとって迷惑な時間帯もあるので、これは避けなければなりません。

たとえば法人営業なら、午後のほっとひと息ついている時間帯は比較的営業しやすいといえるでしょう。逆に、相手の休憩時間は迷惑になります。

個人営業なら午前中のほうが在宅率は高いといえます。主婦をターゲットとしているなら、夕方は在宅率が高いかもしれませんが忙しい時間帯なので避けたほうが無難かもしれません。

とはいえ、相手に配慮してばかりいては訪問できなくなってしまうので、時間帯を気にせずにどんどん訪問する場合もあります。

そんなときに**よく言われる断り文句が、「今、忙しいから」。**

じつは、この言葉が出たときは、チャンスです。

「お忙しいんですね。失礼しました。**では、何時頃ならご迷惑になりませんか?**」

と空いている時間を聞き出すことで、次回訪問する約束を取り付けられるからです。

「社長(担当者)はいませんから」と言われたときも同様です。

「では何時頃ならいらっしゃいますか?」と探りを入れ、「○時に空いているかも」という情報が得られたら、さらに対応に出てくれた人の名前を聞いておきます。

そして、その時間に再訪問し、こんなふうに伝えるのです。

「嶋津と申しますが、○○さんから、**本日13時頃なら社長がいらっしゃるとお聞きしましたものでごあいさつにうかがいました**」

アポなしで来たセールスマンではなく、**さも何回か来たことがある取引先ふうに装うことで、**社長や担当者に取り次いでもらいやすくなります。

✓CHECK

□中小企業の社長を攻めるなら夕方以降がいい
□「忙しい」と断られたらチャンスと思え

23

〈さきをよむ〉

戦略をナインボールに置き換える

営業は
ビリヤードでたとえれば
うまくいく

営業活動には戦略が重要です。自社の商品やサービスを、どんな人をターゲットに、どのように伝えて販売していくのか。それがわかっている営業とそうでない営業では、雲泥の差が出ます。

……このように書くと難しいのですが、要はビリヤードみたいなものだと思えば簡単です。

私は若い頃によくビリヤードをやりました。

ビリヤードにもいろいろな遊び方がありますが、私が主に楽しんでいたのは最もポピュラーなナインボールです。

白い球（手球）を突いて、1番から9番までのカラーボール（的球）を番号順にポケットに落としていくゲームで、最終的に9番の球を落としたプレイヤーが勝ちとなります。順番に落とすだけでなく、たとえば白い球を1番に当てて、その1番が9番に当たって落ちたときも勝つことができます。

したがってナインボールで勝つために大切なのは、目の前にある白い球を打って、最小番号の球に当てることだけではありません。

「白い球を打つと、それがどの球のどの部分に当たり、どの方向に飛んでいくのか」

「飛んでいった球はどのようにクッションに跳ね返り、他の球に当たったりポケットに落ちたりするのか」

というふうに、**自分の突いた球がその先にどういう展開を示すのか、予想して考える力が求められる**のです。私はこれを**「ヒモづけて考える力」**と呼んでいます。


この「ヒモづけて考える力」は営業においても大変重要になります。

営業成績がパッとしない人ほど、ヒモづけて考えることができません。目の前の白い球を打つことだけに一生懸命になってしまい、もし9番ボールを落とせる道筋があったとしても見逃してしまうのです。

これは、目標を意識するあまり、目的を見失って行動がブレてしまっているということです。目的と目標の違いを説明すると次のようになります。

●目標……いつまでに、何を、どれくらい、どうするのか？　という手法・手順のこと
●目的……何のために、なぜやるのか？　という行動の理由のこと

ナインボールでいうなら、９番を落として勝つことが目的で、そのために、１番、2番、３番と順番に球を落とすことが目標になります。

目標を追うことも大切ですが、具体的にどう行動するかを決めるとき、まず考えなければならないのは目的です。

「自分は今、何を成し遂げたいのか」という行動の理由を明確にしなければ、そのための手法・手順にブレが出てしまうからです。

商談は「目的」を達成するための手段

新人の頃にありがちなのは、「契約を取る」という目的を忘れて、訪問軒数を多くこなし、名刺をたくさん集めただけで、「今日はよく頑張ったな」と、なんとなく仕事を達成した気持ちになってしまうことです。

しかし契約を取らないことには、どれだけたくさん訪問し名刺を集めたとしても、まったく意味がありません。自分は何を目的に行動しているのか、時々立ち止まって考えてみるといいかもしれません。

商談を進める際もその点は心にとどめておく必要があるでしょう。

商談では、アイスブレークに始まり、顧客の情報を収集し、悩み・課題を共有し、課題解決方法を提示し……といったストーリーを組み立てて、それに沿ってトークを展開していくことになります。

とはいえ、その流れにこだわる必要はありません。

第1章で「最初に商品説明をしない」と書きましたが、もしお客様のなかでニーズが明確になっていて、製品購入後のメリットも理解している場合には、いきなり商品説明から入るという道筋もありでしょう。

それを忘れてしまうと、自分があらかじめ考えたストーリー通りに話を進めようとこだわってしまい、お客様をイライラさせてしまうことにもなります。

自分が考えた戦略通りに話が進むとは限りません。相手の反応を見ながら、その都度軌道修正して、目的に向かっていく柔軟性が大切です。

山にたとえると、**頂上は一つでも、登る道順はいろいろある**わけです。

目的と目標をはき違えないようにしましょう。

✓CHECK

□「ヒモづけて考える力」で目的に向かう

24

〈さきをよむ〉

「いま、こういうふうに困っていませんか?」

「不便」「不満」は契約が取れるビジネスチャンス

私が営業マンになったのは１９８０年代後半で、電電公社が民営化してＮＴＴになり、電気通信事業の自由化によって新しい通信事業者が複数参入していった、そんな時代でした。

私のいた会社はそんな時代変化の波に乗ったビジネスを展開していました。

「市外通話料金が高くてお困りではありませんか？」

「古い電話機をお使いで不便ではありませんか？」

といったセールストークで、ＮＴＴのレンタル電話機から民間メーカーのビジネスフォンへの切り替えをお客様に提案していたのです。

時代変化の先手を取ったビジネスモデルで収益を上げ、大きく成長することができました。

これはビジネス全般にいえることですが、変化があるところには大きなビジネスチャンスがあります。

情報技術の発展やグローバル化などを背景に、世の中が変化するスピードはどんどん速くなり、また、顧客のニーズはますます多様化・複雑化しています。

価値観が複雑な時代においても、**営業マンは、お客様が何を求めているのか真っ先に見つけ出してビジネスに結びつける**ことが求められます。

「不便」や「不満」に気づかせてあげる

では、どうやって社会の変化をとらえ、ニーズを見つけ出せばいいのでしょうか。未来がどうなるか正確に知ることは誰にもできませんが、これから数年の大まかな流れは予測できます。

たとえば現在から少し先のビジネス環境の未来を見通すなら、

- クラウドサービスやモバイル端末の浸透により、場所を選ばず仕事ができるようになる
- グローバル化がますます進み、新興国でのビジネス比重が高まる
- オフィス機器や家電製品など、あらゆるモノがネットワークにつながるようになる
- 高齢化に伴い社員個人の健康、安心安全への意識が高まる

などが考えられるでしょう。

そして、このように環境が変化すると、お客様の利用している商品・サービスが、新しい環境にピッタリとフィットしているとはいえなくなります。

つまり、お客様が利用している商品・サービスと求めている商品・サービスとの間にギャップが生じているということです。

ギャップがあるにもかかわらず、利用している商品・サービス、業務を進めるプロセスなどがこれまでと同じだと、そこに「不便」「不満」が感じられるようになります。

第2章でも触れましたが、「不便」や「不満」が営業マンにとって提案するポイントとなります。「不便」や「不満」をあらためて認識してもらい、解決すべき問題だと思ってもらうことが必要なのです。そして、その解決にとって必要なものとして自社の商品・サービスを提案できれば、商談を成功に結びつけることができます。

「不便」や「不満」について顧客自身が気づいていない、つまりニーズが顕在化していないケースもあります。その場合は、まず**潜在化しているニーズを顕在化させる必要があります。**

たとえば前述の環境変化に対応するなら、

「タブレットやスマホから社内システムにアクセスする従業員が増えて、情報漏えい対策が煩雑になっていませんか？」

などと、「こんなことに困っていませんか？」と例を挙げながら、現状の不便や不満を浮き彫りにしていきます。

「そうなんですよねぇ。本当に面倒で……」などとお客様が興味を示したら、具体的にどのような点に困っているのか、細かく聞いていきます。ひと通り引き出したところで、これまでの話を整理します。

「現状ではやるべき情報セキュリティ対策が増えすぎて、担当者様にだいぶ負担がかかっていますよね。このままだとどんな問題に発展するでしょうか……」

といった感じで、お客様に将来起こりうるリスクに気づいてもらうのも効果的です。

お客様のなかで「この問題を解決する手段が欲しい」という気持ちが高まってきたところで、現状の問題に対する解決策として自社製品（この場合はセキュリティ機器など）を提示するわけです。

さらに、それらの商品・サービスを利用することで、

「どんなふうに不便が解消されるか」

「どんなにすばらしい未来がやってくるか」

「いくらくらいのコスト削減になるのか」

を、さまざまな例を挙げながら伝えて、お客様にイメージさせます。

このようにして、**「こんなふうに困っている」**から、**「こんなにすばらしい未来がやってくる」までの道筋をつける**ことで、お客様のなかで購入への動機を高めることができます。

✓CHECK

□顧客が気づいていない「不便」「不満」を認識させる

25

〈さきをよむ〉

実際、いい加減に仕事をしないだけで十分差別化できる

当たり前のことを
誰もができないくらい
徹底してやる

お客様から好意を持ってもらい、契約を勝ち取るためには、「この営業マンは他とはちょっと違うぞ」「コイツは頼りになりそうだ」と思わせなければなりません。

言ってみれば差別化戦略です。この場合、会社や商品の差別化ではなく、営業マン個人の差別化ということ。むしろ、機能や価格では差別化が図りづらい商品・サービスを販売している営業マンほど、個人としての差別化を図って、商品力の弱さを補う必要があります。

とはいえ、「よし、差別化しよう」と思ってすぐにできるものではありません。いきなり営業トークがうまくなれといっても無理ですし、他の営業マンの商品知識や業界に関する知識だって、一朝一夕で身につけられるようなものでもありません。

私が言っているのはそんな大それたものではなく、ちょっとした変化をつけることです。

人は、いつもと違うことをすると新鮮な気持ちになりますね。

旅行に行ったり高級レストランで食事をしたり、髪型を変えたりといった大きな変化でも気分が変わりますし、シャンプーを変える、いつもと違う道を帰る、知らない店に入る、部屋のレイアウトを変えるといった、日常のなかのちょっとした珍しい出来事でも、リフレッシュして脳が活性化することがあります。

飲食店などが、こまめにディスプレイを変更したり、商品を入れ替えたりするのも、お客様に常に新鮮なイメージを与えるためです。

では営業マンが差別化を図るには、具体的に何をやればいいいか。それは、

「当たり前のことを、当たり前にきちんとやる」

です。……拍子抜けしましたか？　でもこれは本当のことです。

当たり前のことというのは、たとえば、**約束を守ること**。

営業「先日、あの店のお菓子をいただいたんですが、とても美味しかったんですよ」
社長「へぇ、食べてみたいね」
営業「では今度お持ちしますよ」

こんな会話があったとします。雑談のなかで何げなく交わされた、ゆるい約束です。

社長にしても単なる社交辞令で「食べてみたいね」と言っただけで、実際には期待していないかもしれません。

しかし、この**約束が実行されるかされないかで、結果は大きく変わります。**

私だったら3日以内に、「社長、この間お約束したお菓子です」と持っていきます。そうすれば社長は「あんな細かいことをよく覚えていたな。きちんとした人だ」と感心してくれるでしょう。

どうでもいい約束ほど、あえてきちんと守ることで、相手にサプライズを与えられます。

約束だけではありません。笑顔で元気よくあいさつすること、名刺交換やメールなどのビジネスマナーを基本に忠実にこなすこと、TPOをわきまえた清潔感のある服装、契約後のフォローをきちんとすることなど、営業マンとして、それ以前にビジネスマンとして当たり前にやるべきことは多々あります。

それらを当たり前に、基本通りに、着実に実行するだけでも、相手にちょっとした好印象を与えることになります。

当たり前のことを徹底的にやる

それは私が営業マン時代に気づいたことではありますが、今でもよく感じていることでもあります。

現在私は、企業経営者として、あるいはコンサルタントとして、数多くの営業マンに接する機会がありますが、「当たり前のことをできている人が少ない」と痛切に感じています。

約束の期日を守らない、口先だけで実行が伴わない、売るときだけは調子よくて、売った後はほったらかし……そんな人がじつに多い！

だからこそ、当たり前のことをできている営業マンに会うと、「この人はちゃんとしているな」と頼もしく感じてしまうのです。

私は仕事をしていくうえで信念があります。それは、

「誰もができるような当たり前のことを、誰もができないくらい徹底してやる」です。

だから、当たり前を当たり前と思わないで愚直にやることが大切なんです。
ところが、「聞いたことある」「当たり前のことなので……」と言って、今、目の前にある「当たり前」のことを新しい目で見ることができない人はいます。

「本当の発見の旅とは、新しい土地を探すことではなく、新しい目で見ることだ」

（フランスの哲学者・文学者　マルセル・プルースト）

私の好きな言葉です。
今、営業マンとしてあるいはマネジャーとして行き詰まっている方、目の前にある当たり前のことを、新しい目で見るようにしてみてください。
きっと、今まで見たことがない、何か新しいことが見えるはずです。

✓CHECK

”
□基本に徹するだけで、一目置かれる存在になれる
“

稼ぐ営業マンへの道！ 営業4コマ劇場

「小さな一歩は偉大な一歩である」の巻

第4章

面倒くさがり屋必見！周りを巻き込めば、売上は一気に伸びる

26

相手から技を盗む

できる営業マンとの同行営業が成長の促進剤となる

私は営業マンを経て最年少で営業部長になったのですが、そこでの大きなテーマは、いかにして部下を成長させるかでした。

よく「80対20の法則」といわれます。たとえば会社組織なら、優秀なメンバーは全体の2割程度であり、その2割で、全体の8割の売上を生み出しているという経済法則です。

この割合は私の部においてもおおむね正しく、優秀なメンバーは全体の2割ほどで、残り8割は特に優秀ではない人たちでした。ではそのような状況で、部全体の売上を上げるために、マネジャーは何をすればいいでしょうか。

普通は、上位2割のメンバーについては「放っておいても大丈夫」「自由にやらせれば自分で考えてやってくれる」と判断し、残りの8割のメンバーを教育することで、全体を底上げしようとします。

しかし私は、多数の下位メンバーを一人一人教育することは、自分の手間と時間がかかりすぎるうえに、効果もなかなか上がらないのではないかと思いました。

それよりも、2割の優秀なメンバーを徹底的に教育し、その優秀なメンバーに残りの8割のメンバーを教育してもらったほうが、自分の手間をかけることなく、最短の期間で組織全体を成長させることができると考えたのです。

いわば「底上げ」ではなく「屋根上げ」です。

そこで実際にやった作戦が**「同行営業」**です。

つまり、できる営業マンとできない営業マンのペアで客先に訪問させること。

同行営業することで、**できない営業マンは、できる営業マンの商談プロセスを間近で見て学び、その技を盗む**ことができます。また、**自分の商談を見てもらって、アドバイスをもらう**こともできます。

同行営業はできる営業マンにとっても意味があります。

「教えることは教わること」という言葉があるように、後輩の指導を通じて自分のなかのノウハウが明確化されたり新たな発見があったりするからです。人に教えることはある種の優越感があるので、本人たちは嫌がることもなく楽しんでやってくれます。

この作戦のもう一つのメリットは、できる人をサボらせない効果があることです。

できる営業マンほど、さっさと契約を取ってサボる傾向にあるので、常にペアで行動させれば、サボる時間は少なくなり稼働時間を増やせるというわけです。

結果的にこの作戦は大当たりし、部全体の屋根上げ・底上げにつながり、契約数を大きく伸ばすことに成功しました。

同行してもらったら「自分との違い」に注目

もしあなたが営業マンとして悩みを抱えているのなら、できる営業マンと同行営業させてもらうことをおすすめします。

できる営業マンに、受注したときの成功事例を話してもらうだけでも参考にはなるかもしれませんが、それでは細かいニュアンスまで伝えきれるものではありませんし、聞く側が吸収できるものは多くはありません。

やはり実際にその場にいて、自分の目で見なければ感じ取れない、商談の「行間」のようなものがあるのです。

男女が一つ屋根の下で一緒に住み始めたことによって、いろいろなことが見えてくるあの感覚と一緒です。

ですからやはり、商談の現場についていくことが大切です。そしてそれができたら、次のような点に注目し、**「自分との違い」を探す**ようにしましょう。

- 売れる人がやっていること、やっていないことは何なのか？
- 商談はどのような流れで進めるのか？
- トークの「間」はどんな感じか？
- 商談全体を通して繰り返されている「キーワード」は何か？
- 契約を取れたとしたら、なぜ取れたのか、その理由は？

さて、同行営業を頼んだとしても、嫌がられるかもしれません。

そんなときは、「先輩の営業力の高さには、いつも尊敬させられます。契約の取り方を勉強させていただきたいので、同行をお願いできませんでしょうか」などと頼めば、相手も悪い気はしませんし、快く受けてくれるのではないでしょうか。「お礼にお昼ご飯をおごらせてください」と付け足してもいいですね。

それでも難色を示すようなら、「私の見込み客に同行していただいて契約が取れたら、実績はお渡ししますから」くらいのインセンティブを用意してもいいでしょう。同行営業をして得られる学びはそれほど貴重だということです。

ちなみに私は、上司や先輩とだけでなく、同僚ともよく同行営業を行っていました。成績優秀な同僚と同行すれば、**切磋琢磨しながら互いのノウハウを学ぶ**ことができ勉強になります。また、自分が「つらいな」「サボりたいな」と思っているときなら、**パートナーがいることで自分を奮い立たせる**ことができます。

同行営業にはいろいろな使い方があり、営業マンとしての実力を大きくアップさせる効果があるのです。

✓CHECK

"

□チームを育てるなら「底上げ」ではなく「屋根上げ」
□同行営業で、できる人の技を盗む
□同僚との同行営業はモチベーションアップに効果的

"

27

営業とは気づかいである

人のためになれる人は強い

一時流行語になった「おもてなし」という言葉に代表されるように、気配りや気づかいのマインドを持つのが日本人の特徴だと思います。

営業においても、細やかな気づかいができる人ほど、成績が優秀という傾向があります。

たとえばそれは、名刺交換から始まっています。

名刺は相手側に向け、片手ではなく両手で差し出し、目下の人間が先に出し……などなど、名刺交換一つとっても「こうするべき」と決められたマナーがあります。

マナーを守ることはもちろん大切ですが、最も大事なのは、**「どうしたら相手が気持ちよいか」を考える**ことです。

目上の人から先に名刺を差し出されたときに、目下である自分の名刺を渡すまで受け取らないのは、返って相手に失礼でしょう。「相手より低い位置で差し出す」というマナーもよく聞きますが、これもその場の状況に応じて臨機応変に対応すればいい。

私はそんなことよりも、**「相手の目を見て渡す」ことに注意したほうがいい**と思います。それは名刺交換以前にあいさつの基本だからです。

ビジネスマナーとしての「型」はスキルです。スキルは大切ですが、覚えただけでは単なる儀式と化し、「仏作って魂入れず」になってしまいます。

本当に大切なのは、「相手に喜んでもらうにはどんなことをすればいいか」を意識して、型に応用を利かせること。それがビジネスマンとしての基本的な気づかいというものではないでしょうか。

できる営業はクロージング前より後に力を入れる

それは商談の場においても同じです。

たとえばクロージングのとき、契約が決まり、契約書に印鑑をもらった途端、そそくさと帰っていく営業マンのじつに多いこと。

少しの時間もムダにしたくない、お客様の気が変わらないうちに帰りたい、という気持ちはわかるのですが、お客様にしてみたら、「契約をもらったら用はない」と言われているようで、不安な気持ちになります。

かくいう私もそんなふうにしていた時期がありましたが、同業他社で優秀な成績を収めているある営業マンの話を聞いてからは行動を改めました。

その方は、**クロージングの後を重視し、契約が終わってからも世間話を1時間もするように心がけている**のだそうです。

それがお客様の信頼を得るのに非常に有効だということです。**お客様との初めての契約は、お付き合いのスタート**です。後々の取引拡大のためにも、**クロージングはアフターフォローの始まり**ととらえていたほうがいいと思います。

アフターフォローに関して、私がよくやっていたのは、相手の創業月を覚えておき、花を贈ることです。

創業「年」ではなく、創業「月」です。

契約書に創業年月を書く欄があったので、それぞれのお客様が何月に創業したか一覧にしておき、創業月にあたるお客様全員に花を贈りました。

すると相手は不思議がって、「嶋津さん、これ何?」と電話してきます。

私は**「社長、今月は御社の創業月じゃないですか。記念に贈らせていただきまし**

た」と説明します。

するとお客様は大喜びです。事務機器を契約したくらいでそんなことをする会社はどこにもないので、大変なサプライズになり、感激していただけます。

その一方で私は、お中元、お歳暮、年賀状といった類いはまったく贈っていませんでしたし、今もその習慣はありません。これらの慣習は形骸化していますし、もらった側としては何のサプライズもないからです。

年賀状や暑中見舞いは多くの人が出すので、取引先や営業先には、200枚、300枚と届くこともあります。

そうしたなかに、たとえば自筆でメッセージを書いた年賀状を送ったとしても、それが相手の目に留まる確率はそれほど高くないのではないでしょうか。デザインや文言に工夫を凝らした年賀状にしたところで、「おもしろいな」と思うかもしれませんが、その印象もほんの一瞬です。

年賀状を送るくらいなら、直接会いに行ってひと言「あけましておめでとうございます」と言ったほうが、ずっと心がこもっています。

実際、私の経験上、年賀状を出したところで仕事の受注につながったことは一度もありませんでした。

一方、相手がまったく予想もしていない時期に花を贈る作戦では、大きなサプライズを与えることができ、それがきっかけで新たな契約につながったことは何度もあります。

気づかいも、少ない投資でどれだけ大きな効果が得られるか、費用対効果を考えながらやることが大切ということですね。

✓CHECK

□クロージング後こそ顧客との関係が深まる時間

□少しの違いで大きなサプライズ効果を発揮する

28

能力は人それぞれ。役割を分担し、営業はチームで

作業を仕組み化して
みんなで売上を伸ばす

私自身は特別優れた人間かというとそんなことはなく、むしろ社会の98%を占める凡人の一人だと思っています。いや、むしろダメ人間の部類かもしれません。

私のことを一番よくわかっている親兄弟でさえ、会うたびに今でも「あんたがなんで今のように仕事をしているのか？　さっぱりわからない」と言うくらいです（笑）。

ではそんな凡人ともダメ人間ともいえる私が、なぜ、人より一歩抜け出す成果を上げることができたのでしょうか。

それは、**自分のダメなところ、弱いところ、苦手なことを素直に認めることができたから**かもしれません。

自分が何の取り柄もない凡人だとわかっていたからこそ、自分のダメなところや弱い部分をカバーするにはどうしたらいいか、嫌いなことをしないで済むにはどうしたらいいかを必死で考えるようになりました。それが、**「できる人に協力してもらえばいい」**という結論に達した理由です。

「究極のタイムマネジメントは、できる人の力を借りること」です。たとえば、

「営業するのがイヤだから、しないで済むようにするにはどうしたらいいだろう？」

「人にとやかく言われて仕事をするのはイヤだから、言われないで気持ちよく仕事をするにはどうしたらいいだろうか？」

「部下を教育するのは大変だから、簡単に教育できてしかも成果が上がる方法はないだろうか？」

といった感じのことを考えてきました。いわば「正統な逃げ根性」ですね（笑）。

これは逆の視点から見れば、「自分がやるべきことだけにフォーカスし、そのための環境づくりをしてきた」ということでもあります。

実際に営業に関しても、**人に頼んだほうが効率よくできることは、どんどん人に任せることを心がけてきました。**それがうまい具合に成果に結びついてくれたからこそ、今のポジションがあるのだと思います。

営業の役割を分担し、「仕組み化」して成果を上げる

この姿勢は、会社員を辞めて独立してから大きな成果を上げることになります。

それまで私のいた会社では、テレアポや飛び込み、商談、アフターフォローなどすべてを一人の営業が担当することになっていました。

しかし**ほとんどの営業マンは、テレアポや飛び込み営業が嫌い**です。特に成績優秀な営業マンほどその傾向はありました。私は常々、できる人にはその能力を最も活かせる役割に配置することが、組織全体のパフォーマンスを高めると考えていました。

そこで、新しく設立した会社では、営業を役割分担制にすることにしたのです。

きっかけは、独立したばかりのガラーンとした事務所に私が一人でいたときのことです。きれいな女性が「サーバーは無料でお貸ししますので、使った分のコーヒー豆だけ買っていただければ結構です」と飛び込み営業をかけてきたのです。

特にリスクはなさそうだったのと、営業の女性がきれいだったのでまんまと乗せられてオフィスコーヒーを導入しました。

ところが、その女性はそれっきり一度も現れることはありませんでした（笑）。

要するに、営業の女性は新規開拓の要因で、その後の納品は別の男性がやるという仕組みだったのです。

当社もそれをヒントに営業の業務を細かく分け、テレアポやアフターフォローなどの業務をアルバイトや専門の担当者に任せ、営業マンも新入社員を中心とした飛び込み営業担当と、商談力のある役職者を中心とした見込み客への商談担当に分けました。

こうすることで、優秀な営業マンは雑務から解放され、商談という一番大事な業務に専念できるようになりました。結果として契約件数の大幅な増加を達成することができたのです。

また、新人営業マンは商談に専念する立場に早くなりたいと願い、できればやりたくない新規開拓から解放されたいという欲が生まれました。

そして、テレアポ担当やアフターサービス担当は、それぞれ特定の業務に集中することでスキルを高めることができました。

営業組織を「仕組み化」したということです。

組織のマネジャーなら、実践してほしい有効な施策です。もしあなたが部下なのであれば、こんなやり方はできないかと上司に相談してみてはいかがでしょうか。

相談して実現しなかったとしても、仕事のなかで同じような仕組みをつくることはできます。**「人に任せられることは任せて、自分は自分のできることにフォーカスする」**を心がければいいだけです。

たとえば営業アシスタントがいるなら、アシスタントに資料づくりやスケジュール管理を任せてみるのもいいでしょう。

ここぞという大事な場面では、上司や先輩はもちろん、設計や製造などの他部署の専門家にも仕事を頼むなど、**「目標達成のためなら、使えるものは何でも使う」**という姿勢が、いい意味で大切です。

「成果を出す究極のレバレッジは、人をマネジメントすること」（レバレッジとは、少ない労力で大きい成果を上げるという意味で、主に投資の世界で使われる言葉です）

営業は一人でやるよりもチームでやったほうが、成果が上がるのです。

✓CHECK

□大きな成果を出すために人の力を積極的に借りる

29

「その後、いかがですか?」

毎月1回の接点を必ず持つ

営業には、**新規開拓を中心にするスタイル**と、**既存顧客へのフォローを中心にするスタイル**の二つがあります。

新規開拓が得意な営業マンは、新しいお客様を見つけて契約を取ることばかりに夢中になり、既存顧客へのフォローがおろそかになりがちです。

売ったら売りっぱなしで、アフターフォローがまったくできていない人もいます。契約書に印鑑を押してもらったら、それで自分の仕事は終わりとばかりに、もうお客様に連絡もしない。後の配送や設置、保守などは各担当に任せっきり。

営業マンのそういった対応を不満に感じるお客様も多くいます。せめて、配送前に電話を入れるとか、納品後しばらくしてから様子をうかがいに行くとか最低限のアフターフォローはすべきでしょう。

私がいた会社も、当初はアフターフォローの概念がほとんどなく、そのための体制やルールもありませんでした。そこで私は、アフターフォローの仕組みをつくりました。

その仕組みとは、毎月1日を「ノー営業デー」にし、既存顧客のアフターフォローだけに時間を使うというものです。

その日は、新規開拓営業は一切中止。営業マンは自分の既存顧客に電話を入れて、「最近の事務機の調子はどうですか?」「当社の製品をお使いになった感想は?」などとおうかがいするのです。

この仕組みには、いろいろなメリットがありました。

まず、既存顧客が追加購入などのニーズを持っていた場合、もれなく拾うことができたこと。また、追加購入に至らなくても、ヒアリングによって新たなニーズを発見したり、放っておけばクレームの発生につながる不具合を未然に解決できたりといった効果もありました。

さらにアフターフォローを定期的に行うことで、お客様に対して、「あなたを顧客として大切にしていますよ」とアピールをすることにもなります。これは信頼関係を構築し、取引を継続させるうえでとても大切です。

時には久しぶりに連絡した顧客から、「もう新しい機器に買い換えちゃったよ」と言われることもありましたが、それはそれで、次回の更新時期を推測するための情報になりました。

新規開拓だけを続けていくことは大変です。焼き畑農業のように次から次へと新しいエリアに移動し、見込み客を発掘し、一から関係をつくっていかなければならないからです。

それに比べて、**既存顧客のアフターフォローは成果を上げるうえで非常に効率的**。すでに取引することで信頼関係というベースはできているわけですから、それを基に新たな提案をしていけば、新規開拓よりも何倍も簡単に契約を取れることもあります。

私自身も、初受注から数か月後に電話や直接訪問をしたときに、「ちょうどよかった」と言われて、新たな契約をいただいた経験はたくさんあります。

アフターフォロー専門の部署をつくった

さらにもう一つの仕組みとして、営業行為はまったくしない、既存顧客向けアフターフォロー専門の部署もつくりました。

その部署には、「サービスレディー」という名称で女性の担当者を何人か配置。彼女たちには、既存顧客を定期的に訪問し、当社が販売をした機器の清掃はもちろん、「ついでにこちらも清掃しておきましょうか?」と、他社から導入している機器の清掃もしながらお客様と会話をして、いろいろな情報収集をしてもらいました。

事務機器ですから定期的なメンテナンスは行いますが、掃除をするお客様はあまりいません。毎日たくさんの人に触られるものですから、意外と汚れがつくものです。気にならないと言えば気になりませんが、やはり掃除をすればきれいになって気持ちがよいので、お客様に大変喜ばれました。

サービスレディーは掃除に加え、困り事はないか、新たに必要なものはないかと、ヒアリングも行いました。これは直接契約に結びつくものではありませんが、お客様との信頼関係を深めるために有効でした。

事務機器のように毎月料金が発生する商品ではなく、たとえば自動車のように、一度買ったら数年間は新たな契約がないような取引においても**アフターフォローは大切**だと思います。

なぜなら、そのような商材ほど**「紹介」や「口コミ」がポイント**になるからです。

買った後不満にさせてしまえば、お客様は「あそこの会社から買うのはやめたほうがいい」と周囲に言うようになるでしょう。

買った後のアフターフォローをしっかりとやり、お客様に満足していただければ、そのお客様は紹介や口コミで新たなお客様をつれてきてくれます。**お客様の満足度は最大の広告媒体になる**ということです。

✓CHECK

"
□新規顧客より既存顧客のほうが売上につながりやすい
□アフターフォローを充実させ、ラクして成果を上げる
"

30

自分のウィークポイントを知る

自分の強みを最大限生かし、弱みは味方に任せる

学生時代、知り合いで歌のうまい人がいて、バンドを結成しようとしていました。ところが楽器の担当決めの際、ギター希望者が3人、ボーカル希望者が2人となってしまい、揉めました。話し合いの結果、ボーカル希望者の一人がドラムに、ギター希望者の一人がベースに回ることになりました。

ベースやドラムの担当者は、本来得意ではない楽器を克服しようと頑張りましたが、結局は長続きせず、すぐにバンドは解散してしまいました。

バンドがすばらしい音楽を演奏できるのはなぜかといえば、それはボーカル、ギター、ベース、ドラム、それぞれ得意な人が得意な楽器を担当しているからです。もし得意ではない楽器を担当している人がバンドのなかにいれば、その部分だけ演奏レベルは下がってしまいますし、本人にとってもおもしろくないはず。

会社組織も同じです。さまざまな強みを持った人間が、その強みを使って仕事をすることで、組織としての強さが出ます。と同時に、各自が持つ弱みを他の人がフォローできるところも組織のいいところです。

ピーター・F・ドラッカーは、『マネジメント』(ダイヤモンド社)のなかでこんなことを言っています。

「組織の役目は、人の強みを成果に結びつけ、人の弱みを中和することにある」

組織のなかで最大限に成果を上げるには、自分がどんな役割を求められているかを把握して、その役割のなかで自分の強みを発揮することが大切なのです。

常に「自分は誰か」と問いかける

そこで**大切になってくるのは、自分の強みや弱みを知ること**です。私は「経営者にとって何が大切か?」と聞かれたときに、こう答えています。

「Who am I?」――つまり、自分は誰なのかを知ること。

たとえば、何が得意で、何が好きで、どんな性格で、どんな能力があって、どんなときに喜びや楽しみ、やり甲斐、生き甲斐を感じるか、何が強みで、何が弱みか……などなど、常に自分を分析し、把握することが経営者には求められます。

これは経営者だけでなく、どんなビジネスマンにも言えること。自分自身についてよく知ることが、自分を生かすことにつながります。

そして、自分の強みについては、組織のなかで最大限に生かせる方法を探し、弱みについては、誰かに任せてしまうか、サポートしてもらう方法を考える。とにかく一匹狼的のようになりがちな営業マンにおいても、こうした考え方を持つことが大切なのです。

たとえば、プレゼンの上手な人にはプレゼンター役をやってもらう。事務作業が得意な人にはスケジュールを管理してもらう。そんなふうに協力をしてもらう方法を考えてみてはいかがでしょうか。

そこで大切になってくるのが、ほかのメンバーにどう協力してもらうかです。

次に挙げたのは、私が、目標達成に関する講座で皆さんに解説している「目標達成にレバレッジをかける7つのステップ」です。

このステップに沿って、他人から協力を得る方法について少し詳しく説明しましょう。

【目標達成にレバレッジをかける7つのステップ】

1.「今自分が求めている成果とは何か?」を明確にする
2.「その成果を出すために、何をしなければいけないか?」を考える
3.「しなければならないこと」に対して「どの能力やスキルが必要か?」を考える
4.「自分にしかできないこと」「自分でなくてもできること」「自分にはできないこと」を区別する
5.組む相手を考える(協力者を書き出す)
6.協力者に与えられるものを明確にする
7.ストーリーをつくる

1から4についてはおおまかなイメージはおわかりいただけるかと思います。

5の「組む相手を考える」は、要するに、**「自分にしかできないこと」以外を誰にどうやって任せるのかを考える**ということです。

人の協力を得ようとするとき、指示命令や権威だけで協力してもらえる場合もあり

ますが、たいていは、依頼する側の人間力や、受ける側にとってのメリット・デメリットで協力してもらえるかどうかが決まります。

そこで6の「協力者に与えられるものを明確にする」が大切になってきます。**相手から協力を引き出すには、その協力と同じくらいの価値があるものを、報酬として差し出す必要がある**ということです。

与えられるものを準備したら、最後は7「ストーリーをつくる」です。

これはたとえば、「今回協力してくれたら、こんなにいいことが起こりますよ」「会社や社会に対してこんな貢献ができますよ」というように、**相手が得られるメリットや意義を理解してもらうためのストーリーをつくり、提示する**ということです。

こうしたステップを踏めば、周囲の人に力を貸してもらうことができるのです。

✓CHECK

□自分の弱みや特性に目を向ける
□「7つのステップ」で他人の力を借りる

稼ぐ営業マンへの道！ 営業4コマ劇場

「同行営業で〝見《み》る見《み》る〟伸びる」の巻

第5章

営業が嫌いでも、工夫次第で仕事が急にラクになる

31

ゴールは一つでも、攻め方は無限大

プロセスはオプションで
結果はノンオプション

営業活動の本来の目的は一つ、成果を上げること。

成果とは、売上、利益、契約件数など、数字で表される実績です。数値で表されない成果もありますが、会社が求めるのは数字。そして数字による目標は一社員が変えられるものではありません。

ただ、**ゴールは変えられなくても、プロセスは複数の選択肢のなかから自由に選ぶ**ことができます。

富士山に登るにもいろいろなルートがあるのと一緒で、一つの道筋だけにこだわる必要はないのです。

たとえば「セールスは一人でやるものだ」というこだわりを持っていると、前述したように同行営業という効果的なテクニックを駆使することができません。また、他の営業が行きづらい場所にいる優良顧客を見逃してしまうかもしれません。

自分のクルマに好みのオプションをつけていくように、いろいろなプロセス・方法を考えて独自の営業戦略を実行していけばいいわけです。

私は新卒で入社して1か月後に、自分の成績が上がらないのは課長の指導の仕方が悪いからだと考え、支社長に「課長を替えてください」と直談判したことがあります。今から考えれば生意気かつ失礼で、決してほめられた方法ではありませんが、当時の私は、目標を達成するために大切なことだと本気で思ってそうしたのです。

支社長からは、「よし、わかった。でももうすぐ組織変更があるから待ってくれ」と言われ、結局、1か月後の組織変更で上司が替わりました。

それが私の発言の影響によるものかどうかはわかりません。ただ、結果的に私は、別の上司の下で実績を上げられるようになりました。

どんなにムチャで唐突と思われるような方法でも、目標達成するために大切なことだと思ったら、試してみる価値はあります。それでダメだったら、別の方法を考えればいいわけです。

自分なりの攻め方を考えるには、柔軟な発想が大切です。

何か新しいアイデアが浮かんだら、「自分」と「目標」を結びつけて、それを「できるか」「できないか」を考えてはいけません。まず**「すべきこと」**と**「目標」**を結**びつけて「できる」を前提にし、「こんなふうにやったらいい」「こんな方法がおもしろい」と方策を練っていく**のです。言ってみれば「自分ブレスト」ですね。

そのようにして、いろいろなアイデアを出した後で、「そうはいっても……」と現実問題としての実行のしやすさを考えていきます。

時間や費用などを判断基準に、それぞれのアイデアに○△×をつけて、○から順に次々と実行していくわけです。

目標は一つでも、「打ち手は無限」です。さまざまな打ち手を考え、どんどん挑戦してみてください。

プレイロールで攻め方を考える

営業マン時代の最初の頃、成績がなかなか上がらない私に、上司はこんなことを言いました。

「うまくいっていないのはプロセスの問題だ。やり方を変えたら結果も変わるぞ」

やがて私が成長して、営業でトップの成績を残せるようになったときに、あることに気づき、この言葉の意味を深く理解できるようになりました。私が気づいたことというのは、

「成果を上げていない人の価値観と、成果を上げている人の価値観はまったく違う」

ということです。

つまり、うまくいっていない人は、自分が手に入れたいと思っている成果があり、それに向かって行動してはいます。しかし、自分の持っている間違った価値観で物事を決断しているために、欲しい成果が手に入っていないのです。

成果を手に入れたいのであれば、自分の価値観ではなく、それをすでに手に入れている人の価値観で決断しなければなりません。それは、自分が舞台俳優にでもなったつもりで、その成果をすでに手に入れている人になりきり、その人の価値観で行動するということ。これを「プレイロール」といいます。

たとえば、「商談でクロージングがうまくできない」なら、クロージングがうまい先輩や上司になりきり、その人の価値観で商談プロセスをシミュレーションする。

「魅力的な商品提案が行えない」なら、テレビショッピングの「ジャパネットたかた」の社長になりきって、お客様の心に刺さるフレーズを考えてみる。

そんなプレイロールの仕方があるかと思います。身近な人の価値観を知るには、すでに取り上げた同行営業をすることが手っ取り早いでしょう。著名な人の価値観は、本などから学ぶことができます。一人にこだわらず、いろいろな人の価値観をいいとこ取りして吸収してください。

「成果を上げている人の価値観で考える」ことは、かつて上司にアドバイスされた、**「正しいプロセスを踏む」**にもつながります。私はこの考え方（決断の仕方）を手に入れてから自分の人生が変わったといっても過言ではありません。

ぜひ皆さんにも実践してほしい大切な考え方の一つです。

✓CHECK

□目標は一つでも、打ち手は無限
□成果を上げている人の価値観で物事を考える

32

小さな成功体験を自信につなげる

小粒な魚をとことん釣る

先にも述べたように、私が支社長に「上司を替えてくれ」と訴えた後、しばらくしてから組織変更があり、新しい上司の下で仕事をすることになりました。

その上司は前の上司とは違って非常に面倒見のいい人で、ダメ営業だった私は、彼の指導の下で初めてノルマを達成することができました。

その上司が私にしてくれた指導方法で最も印象に残っているのが、**「成功を疑似体験させてくれた」**ことです。

営業部に配属されて1か月以上たち、ポツポツと契約は取れるようになっていましたが、私はノルマを一度も達成したことがありませんでした。そんな私に対して上司は、つきっきりで同行営業して丁寧に指導してくれました。

いつものように一緒に営業したときのこと。上司が中心となって商談は順調に進み、見事に成約に至りました。私はあまり話に加わることができず、ほとんど座っているだけの状態でした。

その後お客様のオフィスを出ると、「嶋津、会社に電話で受注報告しろ」と上司が言いました。つまり商談の成果を私に譲ってくれたのです。

そのようにして上司に助けられたこともあり、その月に、私は初めてノルマを達成することができました。

ほとんど自分の力ではなかったのですが、それでも感激しましたし、契約が取れる商談とはどういうものか、契約が取れると会社や他の社員からどんなふうに評価されるのか、といった感覚を味わうことができました。

上司のこうした姿勢には賛否両論があるかもしれません。カッコ良すぎる気がしますし、部下に甘すぎると言う人もいるでしょう。

しかし私にとっては、**「ノルマを達成する」感覚を疑似体験でき、それが大きなプラスとなった**ことには間違いありません。

加えて、**「また達成してこの気持ちを味わいたい」「今度こそ自分の力だけで達成したい」とモチベーションを高める**ことにもつながりました。

成果を出すにはイメージトレーニングが有効ですが、実際に体験する以上のイメージトレーニングはありません。成功の疑似体験は、頭のなかでイメージした以上に強烈な印象となって自分のなかに残るという効果があります。

ミクロの成功が大きな成功を生む

疑似体験と並んで成果を上げるために大切なことが、小さな成功を積み重ねることです。

魚釣りでいきなり大きな魚を釣ろうとしても、釣り方をイメージすることすら難しいと思います。しかし小粒な魚であれば、イメージするのも実際に釣るのもそう難しくはないはずです。

そして、小粒な魚を釣るという成功を積み重ねていき、徐々に魚のサイズを大きくしていけば、最終的には大きな魚を釣ることもできるようになるわけです。

労働災害における経験則の一つに「ハインリッヒの法則」というものがあります。一つの重大事故の背景には、29の軽微な事故があり、その背景には300の「ヒヤリ・ハット」があるというものです。

私はこれを自己流に解釈して、「一つの大きな成功の裏には、29の小さな成功が隠れており、さらにその裏には３００のミクロな成功が隠れている」ととらえています。

「こんなことをして何になるの？」と思うくらいの地道な努力でも、たくさん集まれば小さな成功に結びつきますし、それがやがては大きな成功へと至るのです。

ですから、大きな成功ばかりが成功と思ってはいけません。売れている営業マンから見たら鼻で笑われるような少額の受注でも、売上になることに変わりありません。そして小さな売上であっても、定期的に獲得すれば、自分に対して成功の感覚を植え付けることができます。

その先にやがて大きな成功が待っていると考え、小さな成功を一つ一つ拾っていけばよいのではないでしょうか。

もしあなたが、自分の子供に勉強やスポーツを教えるとしたら、どんなふうに教えますか？

おそらく、簡単なことからやらせてみて、「ほらできた！」「すごいじゃないか！」

とほめながら、だんだんとステップアップしていくはずです。

その**成功のステップアップを、自分に対してもやってあげればいい**わけです。

大人になるとどうしても、自分の可能性に蓋をしてしまい、変化しにくくなりますね。でも、自分が柔軟に変化していかなければ、ビジネス環境の変化に乗り遅れてしまい、成功もおぼつかないでしょう。

「どうせ無理」とあきらめるのではなく、**「私ならやれる」と強い気持ち**で、少しずつ成功を積み重ねていきましょう。

✓CHECK

- □「成功の疑似体験」は有効なイメージトレーニング
- □一つの成功に裏には、無数の小さな成功がある

33

仕事を自分で判断できるようにさせてもらう

権限が広がると
仕事が楽しくなる

「仕事が楽しい！」と感じられるかどうかを決める要素の一つが、**仕事に対する権限の有無**だと思います。

新人であれば、上から指示命令されて、決められたことを決められた通りに動いて実行するだけでも精一杯かもしれませんが、少し慣れてくると、それだけでは楽しさを感じることはできなくなります。

では**どうすれば楽しくなるかというと、仕事を任される**ことです。人は、自分の実力を上回るような責任と権限を持たされ、どんどん仕事を任されれば、多少ハードであっても喜びを感じることができます。

たとえば有名な話で、餃子を売りにした中華料理チェーンの「餃子の王将」では、定番のメニュー以外のメニュー開発は各店の自由裁量に任せているそうです。

それは、各店舗の立地や客層に合ったメニュー開発をさせるためでもありますが、従業員のやる気を高めるためでもあります。

もちろん、単に好き勝手にやらせるだけではなく、売上や利益が悪ければ本部から厳しい指導が入ることになります。従業員のやる気を出させると同時に、締めるところはしっかりと締めているということです。

一方、営業マンである皆さんは、どれくらいの権限を持たされているでしょうか。「権限なんてほとんどない」と嘆く人もいるかもしれません。

これはある程度は仕方がないことともいえます。ほとんどの場合、会社ごとに職務権限規程や営業管理規程といったものがあり、「営業担当者の判断で値引きできるのは〇%まで。それを超える値引きをする場合は上長に確認すること」というように、ルール化されてしまっているからです。

規程などによって明文化されていないケースも多々ありますが、暗黙のルールはどの会社にもあるでしょう。

ルールがあるからしょうがないとはいえ、「自分の持っている権限が拡大すれば、仕事はもっとやりやすいのに」と思うこともありますよね。

- 営業ターゲットを選べる
- 価格設定や見積もりを決められる

●自分の業務を誰かに割り振れる

などの権限あれば、かなり自由度が広がり、営業活動が今よりもっと楽しくなるのではないでしょうか。

「ホウ・レン・ソウ」で権限の範囲を広げる

では権限を手に入れるためにどうすればいいのでしょうか。

一つはごく当たり前のことですが、**出世すること**。ポジションが上がると同時に権限も拡大していきます。

もう一つの方法としては、許される範囲を探りながら、**ルールの枠を超えて権限を広げていく方法**です。ひと言で言えば「自由にやっちゃう」ですね（笑）。

なぜ権限が決められているかといえば、責任の所在を明確にするためです。たとえば権限がないのに3割もの値引きをしてしまって、結局赤字を出すことになれば、その責任は厳しく追及されることになります。だからこそ「2割以上の値引きは課長の権限」とルール化し、責任の範囲を決めているのです。

とはいえ、実際の現場では、ある程度柔軟な対応がされていることも多いですよね。「2割はダメだけど、15%値引きして契約が取れるんだったら、相談しないで決めちゃっていいよ」というように。

要するに、絶対に破ることはできないルール上の権限と、自分の持つ権限があり、その境目には、事後報告で済まされるようなグレーゾーンの権限があるわけです。そのグレーゾーン権限を、どんどん広げていけばいいということです。

上司にしてみれば、契約を取ってきてくれれば文句はないという部分もあるので、少しくらいのルール破りは覚悟のうえで、自分の裁量で自由に動いてみればいいのではないでしょうか。

そのときに大切なのは、社会人の鉄則「ホウ・レン・ソウ」です。

上司として何が嫌かというと、相談もなく勝手に動いて、それでミスをして、その尻ぬぐいを自分がやらされてしまうことです。

こまめに「ホウ・レン・ソウ」してくれれば、その時々にアドバイスをしてミスや

問題を未然に防ぐことができます。普段からことあるごとに「ホウ・レン・ソウ」を行い、

「その割引の件だったら、オレからいちいち確認を取らなくてもいいから」

と言わせれば権限を勝ち取ったも同然です。

「ホウ・レン・ソウ」はなにも上司にごまをすって気に入られるためにやるのではなく、**自分の権限を広げて仕事を楽しくする**ためにやるものといえます。

✓CHECK

□**権限があれば、仕事はやりやすくなる**
□**こまめな「ホウ・レン・ソウ」でリスクを回避**

34

過去の数字からわかる傾向と対策

自分の営業術を数値化し、商談に生かす

営業というのはある意味、数字だけがすべての世界です。野球にたとえるとわかりやすいかもしれません。

野球のバッターを評価する指標に「打率3割」がありますが、打率をキープしたからといって、必ずしも多くのヒットを打てるわけではありません。毎試合出場し、打ち損じも含めて打席に立ち続けなければ、ヒット数は稼げないということです。

営業も野球と同じように確率で営業活動の成果を見ることができます。

たとえば、100人にアプローチをかければ、そのうちの3人と商談でき、商談したうち1人からは契約を取れる――というように。取扱商品や顧客ターゲット、また営業マン個人の実力によっても違ってきますが、契約に至る平均的な確率はだいたい決まってきます。

営業が目指す数値には「売上金額」や「契約数」がありますが、そのほかにも、さまざまな数値による分析ができると思っています。

- アポイント数または訪問軒数
- 1回当たり商談時間

●1受注当たり商談数
●受注率（＝受注数／商談数）（＝受注数／訪問軒数）
●平均受注単価
など。

日報や営業記録を基に、こういった数値を取って分析してみるのは効果的です。数値で分析することのメリットは、すでに述べた「結果目標」と「行動目標」の区別が明確になることです。行動目標を管理することで、自ずと結果目標を達成できることになります。

たとえば右に挙げた例のように「100人にアプローチをかければ1人から契約を取れる（受注率1％）」が平均的な数値であるなら、今月中に6件の契約を取ることがノルマ（＝結果目標）とされていた場合、600人にアプローチするという計画（＝行動目標）を立てることができます。

ただし、数値で営業活動を管理することは効率的ではありますが、その反面、注意しなければならないことがあります。

「何でもいいから1000軒訪問すればいいんだな」と、数値だけに意識が行ってしまい、一つ一つの行動がおろそかになることです。「とにかく数打ちゃ当たる」の意識ではなかなか成果に結びつけることは難しいでしょう。

受注確率は、接触回数×営業の質で変わってきますので、1回1回きちんとした商談を行うこと、商談の質を常に高めるよう努力することも忘れないようにしましょう。

商談の先送りはしない

1受注当たりの商談回数についても、平均値を取って営業活動の参考にしたいところです。販売している商材によっては、1回の商談で受注を得ることもありますし、数回、数十回と商談を重ねるケースもあります。

たとえば高額な商品・サービスであれば、たくさんの商談を重ねたほうがいい場合も多いでしょう。

一般的な心理として、相手への好感度の高さは接触回数に比例するといわれています。つまり、商談を重ねれば重ねるほど、互いの距離が近くなり、お客様の警戒感が薄れ、営業マンのトークに対する反応も変わってくるということです。

とはいえ、商談はお互いに時間もかかりますし、ただ回数を多くすれば効果が上がるかというとそうでもありません。ましてや、お客様も暇ではないので、時間泥棒となるような意味のない商談は避けるようにしないと失礼になります。そこはDMやメール、電話なども駆使して、脈あり度に応じて接触回数や頻度を調整していくことが大切です。

私のいた会社の場合、扱っていた商品の特性もありますが、最初の商談で受注するのがベストとされていました。

1回の商談で決める場合に大切なのは、あらゆる問題をその場で解決すること。

たとえばお客様から、

「あの商品のパンフレットはないの?」

「この機器は、技術的にうちのネットワークにつなげるのかな?」

といった疑問や質問が出てきた場合、高額の商品を販売しているのなら、「次回お持ちしますよ」という対応でいいかもしれませんが、そうではないなら、その場で回答を出すことが重要です。

商品パンフレットがなければ、ノートパソコンを広げて画面上で見せる。技術的に答えられない問題だったら、すぐさま社内の技術者に電話して回答を得る、といった対応を心がけたいです。私の場合、技術者でわからなかったら、メーカーのサポート窓口でも誰でもいいので、その場でわかる人に連絡し、回答をもらっていました。

「鉄は熱いうちに打て」は営業の鉄則。見積書などの書類もできればその場で書いて渡す。**やれることはその場でやりきるのが、お客様の気持ちを冷めさせないコツ**です。

✓CHECK

□数字に置き換えれば見えてくるものがある
□商談の場ですべて解決する意気込みを持て

35

上を伸ばさず、下を縮める
平均点を上げていく

景気に波があるように、人間だって、いいときもあれば悪いときもあります。

商談でのトークが冴えて既存顧客との関係も好調で、次々と受注できるような絶好調の時期が続いたかと思えば、一転してスランプに陥り、契約どころかアポイントも全然取れなくなる、そんなときもありますよね。

いいとき・悪いときがあるのは人間ですから仕方がないこと。でもそれをそのままにしておくのは、できる営業マンとはいえません。

いいときにプラス100、悪いときにマイナス100の変動があるとすると、その変動を繰り返しているだけでは、平均を取ったら水平のままで、いつまでたっても成長していることにはなりません。

いいときはそのままに（あるいはもっと伸ばし）、**悪いときのマイナス変動を少しでも減らすことができれば、上下の波がありつつ、長い目で見れば「右肩上がり」に推移していく**ことになります。

仕事における好調・不調の波を押さえつつ、なるべく右肩上がりに成長していくために、私が日頃から実行していることは、**「イエローライン戦略」**です。

私はいろいろなことを、「人生なんとかなるもんだ」と楽観的に考えてはいますが、この「なんとかなる」には2種類あります。

- なんとかしようと思ってなんとかなっている
- 何もせずにただなんとかなっている

前者は戦略的で、後者は単なる偶然。「イエローライン戦略」が目指すのは前者。つまり、危機に備えて、前もって準備をしておくのがこの戦略の大事なところです。

私生活においても、

「生命保険に入っていなかったがゆえに死んでから家族が迷惑する」

「火災保険に入っていなかったことによって、火事になった後大変な思いをする」

など、準備不足が招く不幸は数限りなくあります。


イエローライン戦略で、常に最悪を考えて行動していれば、最悪の事態に陥ったときでも、被害を最小限に食い止めることができるのです。

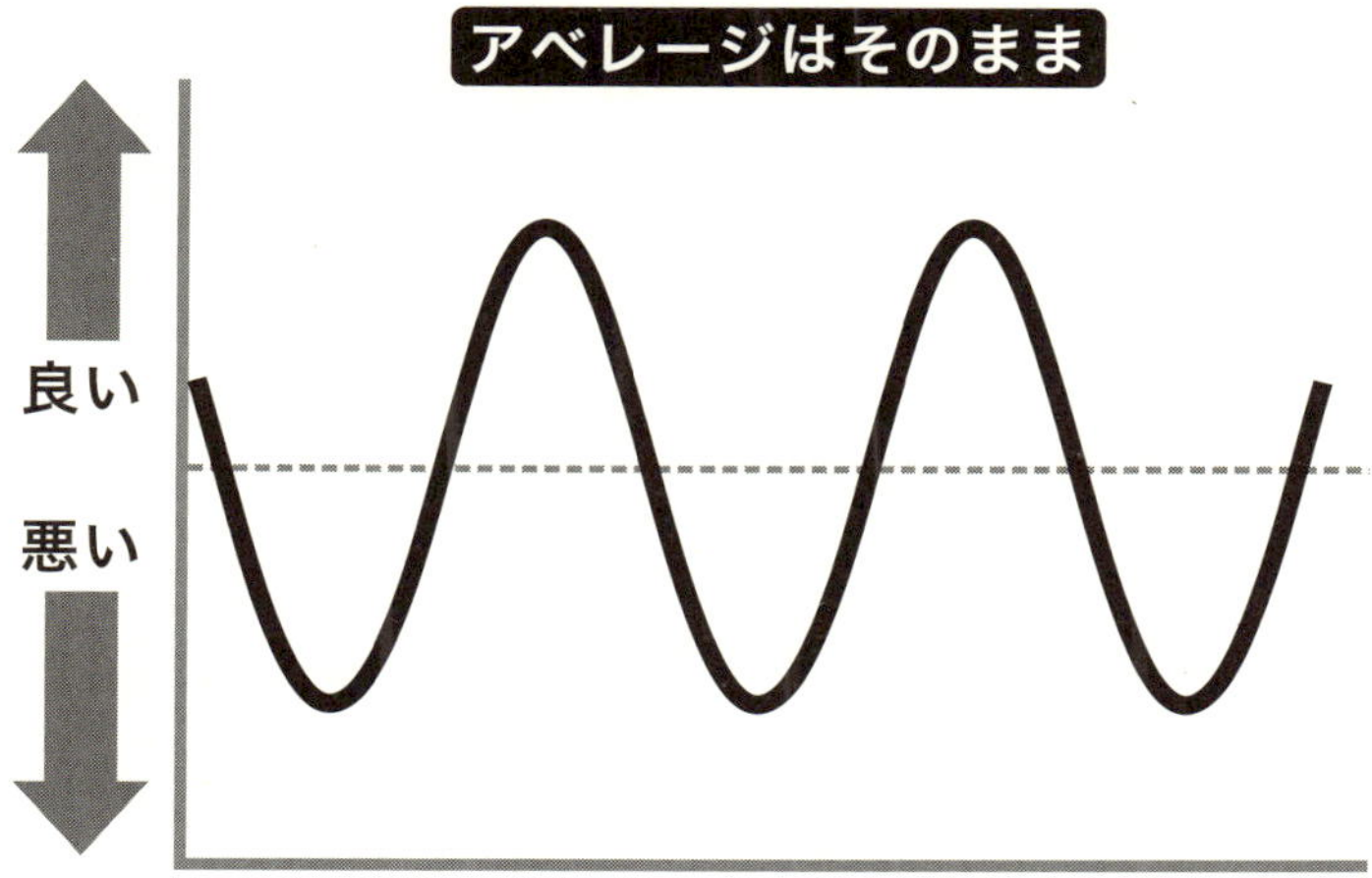
アベレージはそのまま
良い
悪い

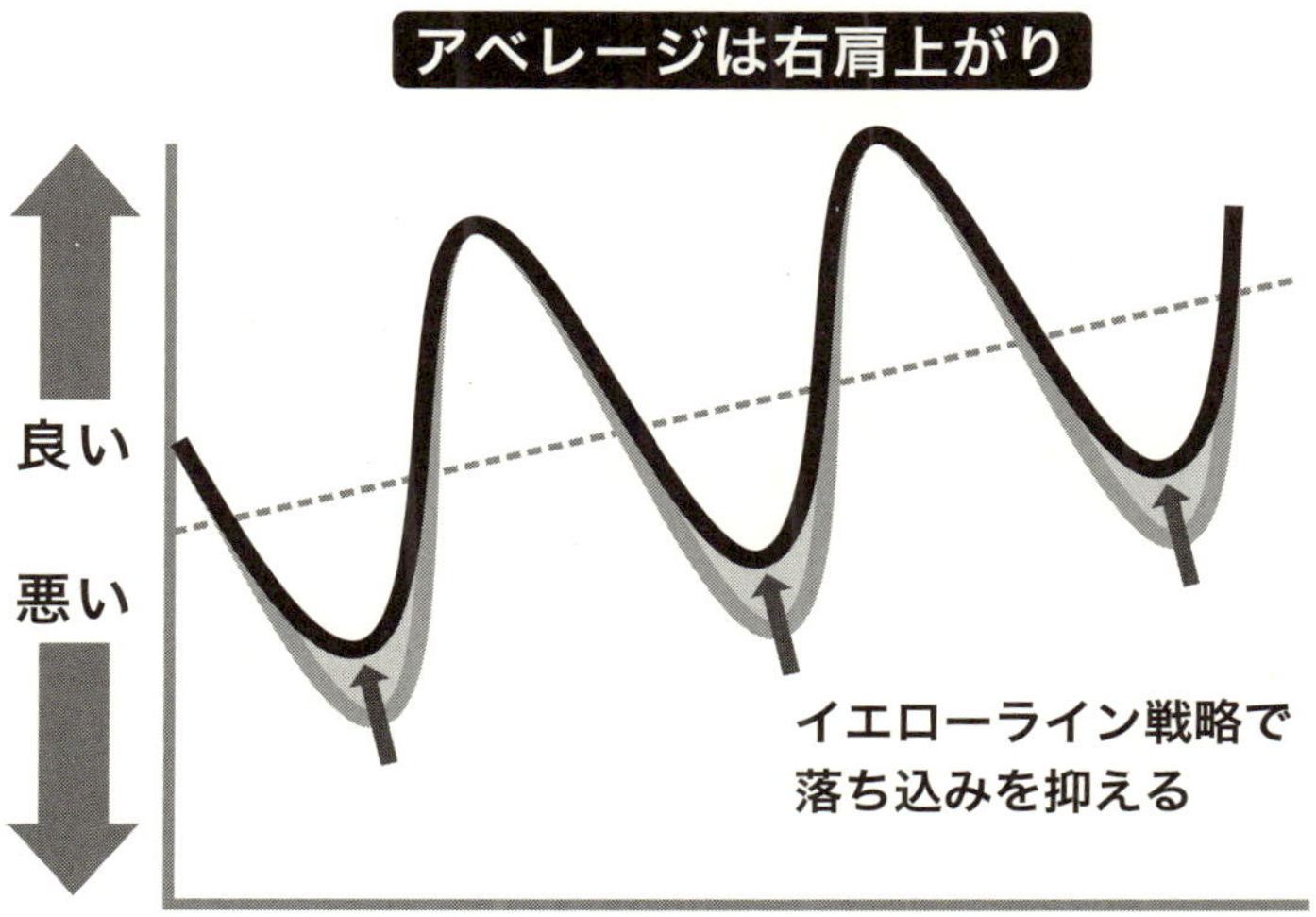
アベレージは右肩上がり
良い
悪い
イエローライン戦略で
落ち込みを抑える

たとえば営業シーンなら、

「解約によるダメージを最小限にするために、顧客は大手数社に絞らず中小を多数持つようにする」

「言った言わないのトラブルを防ぐため、顧客とのやり取りをメールや書類に残す」

「お客様の隠れた不満・要望を顕在化させるため、定期的にお客様に御用聞きに行く」

などが考えられるでしょう。

バカポジティブではなく、ポジティブで行こう！

それに加えて、私は、何があってもポジティブに物事を考えるようにしています。

このポジティブにも、「ポジティブ」と「バカポジティブ」の二つがあります。

「バカポジティブ」というのは何も考えずに、ただ物事を自分に都合よく考える、間違ったポジティブシンキングのこと。

よくあるたとえ話で、「コップに半分の水が入っているとして、『もう半分なくなった』と考えるのではなく、『まだ半分ある』と考えましょう」というのがありますが、私からすればバカポジティブですね。どう考えても飲める水の量は変わりませんから。

本当の「ポジティブ」というのは、常に最悪を考えたうえで、最高を生きている正しいポジティブシンキングのことをいいます。

言い換えれば、**「悲観主義」で準備をして、「楽観主義」で前向きに物事を受け止めて前へ進む**こと、要するに「ポジティブアクション」だと私は考えています。

そうすれば、自ずと平均点を上げていくことができるのです。

✓CHECK

□「イエローライン戦略」で最悪の場合に備えよ
□正しいポジティブシンキングを身につける

36

三河屋に学ぶ「しない」営業

究極はサザエさん営業

ある上場企業の社長とお話しする機会がありました。その会社は昔ながらの飛び込み営業やテレアポ営業で商品を販売している会社でした。

私のサラリーマン時代と同じスタイルの営業会社といえるのですが、私はその社長を前にして、

「これからはサザエさん営業の時代だ」

と主張しました。

皆さんは『サザエさん』をご覧になったことがあると思います。『サザエさん』に出てくるキャラクターの一人に、三河屋のサブちゃんがいます。磯野家の台所の勝手口から、

「ちわー、三河屋でーす。今日は何かありますか？」

と気軽に入ってくる彼です。

あのパターンの営業を「サザエさん営業」と呼んでいます。要するに、**「究極の御用聞き営業」を目指す**ということです。

マーケティングの話にもなってきますが、これからは、**「お客様を集める」という発想から、「集まる」という発想への転換が必要になってくる**とも考えています。

インターネットの普及によって、情報がいとも簡単に手に入る世の中になり、お客様はへたな営業マンより知識を持つようになりました。

そして人々の生活は豊かになり、バブル後の失われた20年も乗り越え、ようやく経済も回復しつつあるなかで、人々の価値観はますます多様化・複雑化しています。こうした経済環境のなかで、お客様は業者（お店）を選んで商品を購入する意識を持つようになっています。

そのような時代に、昔ながらの営業スタイルは馴染まなくなっている気がします。

かつては飛び込み営業の営業マンから、意外と貴重な情報を仕入れられることがありました。営業マンだった私も、お客様にとって有益な情報を提供しようと苦心したものです。

しかし、今は違います。ほとんどの情報はインターネットから得ることができますし、それで十分という場合も多いのです。

たとえば皆さんがテレビを買うときに、家電量販店や街の電気屋に行って、いきなり買うという人は少ないと思います。多くの場合、インターネットで情報収集して、複数の商品を比較検討してから、価格やサービス面で最もメリットのある店から買う、という買い方をします。

お客様が主導権を握る時代になったと考えられます。

そんな時代において営業マンに求められているのは、お客様が、

「使っている機械が壊れたので新しいものを買おうか」

「使っているものがだいぶ古くなったので新しいものに取り替えようか」

「最近流行っている〇〇が欲しいな」

「〇〇の件でどこかの業者に聞いてみようか」

などと困ったときに、いかにそのお客様の頭のなかに、自社の商品や営業マン自身の顔を思い起こさせることができるかです。

そのために常日頃から、新規のお客様であろうが既存のお客様であろうが、何らかの手段を使って情報発信をし続けるなどのフォローを中心とする戦略が必要だと考えます。

お客様に何かあったときに、あなたの会社名や名前がお客様の脳裏をかすめるような、そんなお付き合いができた営業マンこそ、これからの時代に生き残っていけるのです。

好意を持ってもらえば営業はラクになる

私は２０１３年までの６年間シンガポールに住んでいましたが、その間、会いたいと思う日本人の方にアポイントを取ったところ、皆さん喜んで会ってくださいました。海外だからこそ感じる、日本人同士のつながり、絆があるからだと思います。

もちろん、現地の人とも心のつながりは感じましたが、一方で、どこか超えられない壁も感じました。やはり同じ民族同士のほうが、親近感がありますし、わかり合える部分はあると思います。

営業マンとお客様の関係においても同様です。まったく知らない営業マンとの商談ではお客様は警戒してしまいますが、何度も会って壁を取り除いていけば、やがて警戒感はなくなっていきます。

そしてお客様に好意を持ってもらえれば、何か問題が起きたり、商品を買う理由ができたりしたときに、「あの人に頼もうかな?」と思い出してもらえます。

ぜひ皆さんも本書を参考に、三河屋さんのような、たまに来るだけでバツグンの存在感を示し、築き上げた信頼関係を基に継続的に成果を上げられる**「究極の御用聞き営業」**を目指してください!

✓CHECK

”

□顧客が困ったときに思い出してもらえる存在になる

“

稼ぐ営業マンへの道! 営業4コマ劇場

「これからはサザエさん営業」の巻

あとがき

人生の礎はみんな「営業」から教わった

私は今でも営業が好きか嫌いかと問われれば、やはり嫌いです。

でも、今すべてを失って「人生一からやり直せ！」と言われれば、やる自信はあります。それは、少しは錆びついているかもしれませんが「営業力」という武器を持っているからです。

私はセミナーの受講生に、

「あなたの人生を変えた瞬間《とき》はいつですか？」

という質問をよくします。

もし、この質問を自分自身に投げかけるのであれば、私は間髪入れずに「営業という仕事をしたことだ」と答えるでしょう。

営業という仕事は大変です。でも、その分本当に勉強になりました。

私なりにたとえるのであれば、他の仕事が、イヤなこと50で、勉強になったこと100だとしたらプラス50ですが、営業という仕事はイヤなこと200で、勉強になったこと500でプラス300、だからイヤなことも多いけど学ぶこともたくさんあるという感じです。

「20代は苦労を買ってでもしろ！」

と言いますが、今から振り返ると、本当にその通りだと思います。20代は、よく働き、よく遊ぶということがすべてだったような気がします。唯一削れたのが睡眠時間だったので、それを削ってよく遊びました。

「20代の生き方が30代を決定づけ、30代の生き方が40代を決定づけ、それまでの生き方が一生を決定づける」

これは自分の人生を振り返っての教訓です。

人はなりたい人間になっている

アメリカを代表する哲学者・心理学者のウィリアム・ジェームズは、「今世紀最も偉大な発見の一つは、人は心構えを変えることによって、なりたい人間になれるということである」

と言っています。

あるセミナーでおもしろい会話がありました。

受講生「人はなりたい自分になれるというが、実際になりたい自分になんてなれていない人がほとんどじゃないですか？」

講　師「あなたはどう考えますか？」

受講生「私自身もそう思います」

講　師「あなたはなりたい自分になれていると私は思いますよ。なりたい自分にはなれないと思っている、なりたい自分になっている。つまり、あなたはなりたい自分になっているんじゃないですか？」

私は思わず噴き出してしまいました。その通りだからです（笑）。

自分の可能性を信じて、自分で自分をしっかり教育してあげてください。その教育の格好の教材が営業だと思います。

誰もが小さい頃は、純粋に自分の可能性を信じていたのではないでしょうか。

たとえば、私が小さい頃にユリ・ゲラーという超能力者のスプーン投げが一大ブームを巻き起こしました。その頃、子供たちはこぞって「自分にもできるんじゃないか」と思って、テレビの前でスプーンを擦ったものです。

ところが、大人になるにつれ、経験を積むなかで挫折や失敗を繰り返します。そして、親や先生、周りの人に言われた言葉などによって、無意識に悪いセルフイメージがつくり上げられていきます。その結果、いつの間にか「自分には難しい」「自分にはできっこない」と限界をつくり、自分の可能性を否定してしまうのです。

あなたは、川で拾ってきた単なる石ころをダイヤの原石だと思って磨こうと思いますか？

どうせ単なる石ころだと思って磨きませんよね。でも、南アフリカの鉱山から持ってきた本物のダイヤの原石だったらどうでしょうか？

おわかりのように、自分がダイヤの原石だと信じるからこそ、自分を磨こうとするのです。

目標達成に向けた必要なプログラムに自分自身の中身を書き換えて、自分を自分で教育してあげてください。そして、あなたの人生がハッピーになることを心からお祈りいたします。

最後にひと言。「自分は自分が育てたように育つ」忘れないでほしい言葉です。

嶋津良智

２０１５年１月

［著者］
嶋津良智（しまづ・よしのり）
日本唯一の「上司学」コンサルタント。大学卒業後、IT系ベンチャー企業に入社。同期100名の中でトップ営業マンとして活躍、その功績が認められ24歳の若さで最年少営業部長に抜擢。就任3か月で担当部門の成績が全国ナンバー1になる。その後28歳で独立・起業し代表取締役に就任。M&Aを経て2004年5月株式上場（IPO）を果たす。2005年次世代リーダーを育成する教育機関、リーダーズアカデミーを設立。2007年シンガポールへ拠点を移し、業績向上に寄与する独自プログラム「上司学」が好評を博し、世界中で2万5000人以上のリーダー教育に携わり、講演・企業研修・コンサルティングを行う。
また、ベストセラー著者兼ベンチャー経営者仲間の5人で、チャリティーのビジネスセミナーを世界14都市で開催。2013年日本へ拠点を戻し、現在は一般社団法人日本リーダーズ学会を設立。世界で活躍するための日本人的グローバルリーダーの育成に取り組む。
主な著書としてシリーズ90万部を突破しベストセラーにもなった『怒らない技術』（フォレスト出版）をはじめ、『目標を「達成する人」と「達成しない人」の習慣』『あたりまえだけどなかなかできない　上司のルール』（ともに明日香出版社）、『だから、部下がついてこない！』（日本実業出版社）などがあり、累計120万部を超える。

〈主な役職〉　一般社団法人日本リーダーズ学会　代表理事
リーダーズアカデミー 学長
一般社団法人日本アンガーマネジメント協会　理事
早稲田大学講師

「独立・起業から会社を上場(IPO)するまでに私が学んだこと」を無料進呈
http://www.leaders.ac/booklet.php　＊予告なく、ダウンロードできなくなることがあります。

営業が死ぬほど嫌いでもラクに結果を出せる36のコツ

2015年2月5日　第1刷発行

著　者――嶋津良智
発行所――ダイヤモンド社
〒150-8409　東京都渋谷区神宮前 6-12-17
http://www.diamond.co.jp/
電話／03･5778･7232(編集) 03･5778･7240(販売)
装丁――――鈴木大輔・江崎輝海（ソウルデザイン）
編集協力―――平行男
イラスト―――朝倉千夏
本文デザイン ―大谷昌稔（パワーハウス）
製作進行―――ダイヤモンド・グラフィック社
印刷――――堀内印刷所(本文)・共栄メディア(カバー)
製本――――本間製本
編集担当―――武井康一郎

ISBN 978-4-478-03954-0

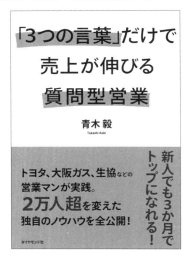